선생님도
아프다

선생님도 아프다

초판 1쇄 발행 2017년 2월 20일
초판 4쇄 발행 2019년 1월 15일

지은이 양곤성
일러스트 박선하
펴낸이 이지은 **펴낸곳** 팜파스
기획편집 박선희
디자인 조성미 **마케팅** 정우룡
인쇄 (주)미광원색사

출판등록 2002년 12월 30일 제 10-2536호
주소 서울특별시 마포구 어울마당로5길 18 팜파스빌딩 2층
대표전화 02-335-3681 **팩스** 02-335-3743
홈페이지 www.pampasbook.com | blog.naver.com/pampasbook
이메일 pampas@pampasbook.com

값 14,000원
ISBN 979-11-7026-144-5 (03370)

이 도서의 국립중앙도서관 출판시도서목록(CIP)은 서지정보유통지원시스템 홈페이지
(http://seoji.nl.go.kr)와 국가자료공동목록시스템(http://www.nl.go.kr/kolisnet)에서
이용하실 수 있습니다.(CIP제어번호: CIP2017002464)

선생님도 아프다

학생, 학교, 나와의 관계에서 상처받은 선생님을 위한 감정수업

양곤성 지음

팜파스

'교육의 질은 교사의 질을 뛰어넘을 수 없다.'

교사라면 누구나 알고 있는 이 유명한 격언처럼 교육에서 교사의 역할은 아무리 강조해도 모자람이 없습니다. 그럼에도 불구하고 최근에 나타나는 여러 지표들은 교사들이 얼마나 고통스럽게 그 직(職)을 수행하고 있는지 보여줍니다. 교사들을 대상으로 한 설문조사에서 응답자의 90% 이상이 '스트레스가 심하다.'라고 말했고 그중 약 79%는 스트레스가 업무에 지장을 준다고 답했습니다. 또한 약 72%는 스트레스로 인한 신체화 증상(두통, 소화불량 등)까지 겪는 것으로 나타났습니다. 교사들 사이에서는 스스로를 감정노동자로, 교직을 3D 업종으로 여기는 자조 섞인 인식까지 만연한 실태입니다.

답답한 교실에서 하루 종일 수많은 학생들과 씨름해야 하는 스트레스부터 학부모, 학생들로부터 받은 언어·신체적 폭력으로 인한 트라우마까지……. 하지만 이보다 더 교사를 힘들게 하는 것은 이러한 고통을 이해해주기는커녕 교사이기에 당연히 인내하라고 요구하는 사회의 인식일 것입니다.

오랫동안 교직에 머물렀고, 이제는 제자들을 교직으로 보내야 하는 위치에 있는 저는 그들이 앞으로 겪을 일들을 생각할 때마다 마음이 아픕니다. 늘 여러 가지 당부와 조언을 해주려 애쓰지만 항상 부족함을 느꼈습니다. 우리 교사들에게는 치유를 위한 도움의 손길이 절실합니다. 힘에 부쳐 모든 걸 포기하고 싶을 때 곁에서 위로해주고 공감해주며 방향을 제시해주는 전문적 시스템을 만들어주고 싶지만 여의치 않았습니다.

이러한 상황 속에서 교사들의 아픔을 위로하고 치유와 예방까지 도울 수 있는 귀한 책을 써준 양곤성 선생님의 노고에 대한 감사는 아무리 말해도 지나치지 않을 것 같습니다. 현직 교사로서, 그리고 한 가정의 가장으로서 바쁜 와중에도 이러한 옥고를 쓰신 양곤성 선생님의 마음속에는 동료 교사와 학생에 대한 공감과 사랑으로 가득 차 있을 거라 짐작해봅니다.

이 책은 오랜 교직생활 동안 보고, 듣고, 체험했던 현실적인 주제들과, 상담을 전공한 연구자로서 심리학 이론에 대한 깊은 이해, 그리고 양곤성 선생님의 긴 숙고의 시간들과, 타고난 통찰력이 어우러진 훌륭한 작품이라 생각합니다. 교직생활 중 누구나 한 번은 겪어본 현실적인 사례들이 흥미를 더하고, 깊이 있는 그러나 어렵지 않은 해결방안은 '나도 한 번 해볼까?' 하는 동기를 부여합니다. 또한 직접 참여하고 고민해볼 수 있는 워크북 형태의 활동들은 단순한 지식 습득에 머무르지 말고 독자가 직접 행동해볼 것을 촉구합니다. 교직이란 지난한 통고의 여정 중 주저앉고만 싶을 때, 휴식과 치유가 간절히 필요할 때, 이 책 속의 다양한 방안들을 실천해보기를 권합니다.

'한 사람이 가고 다른 사람들이 그 뒤를 따르면 길이 된다.'라는 격언이 있습니다. 교사의 어려움을 깊이 공감하고 조력하길 원하는 양곤성 선생님의 이 귀한 걸음에 부디 많은 뒤따름이 생겨 대로(大路)가 만들어지길 기대합니다.

공주교육대학교 교육학과교수 하요상

《심리학, 교실을 부탁해》이후 두 번째 책이다. 원고를 마무리한
지금, 홀가분함보다는 부끄러움이 앞선다. 이 책이 내 자기고백서
이기 때문이다. 이 책의 사례가 모두 내 경험이라는 이야기는 아니
다. 하지만 책 속의 분노, 배신감, 열등감 등은 모두 내가 느낀 감정
들이다. 그리고 내가 겪은 고통이다. 고백하건대 난 이런 감정들에
예민하다. 상처도 잘 받는다. "선생님, 반 아이들 관리 좀 잘해야지."
라는 말만 들어도 가슴이 죄어든다. 앞에서는 "네, 그렇게 하겠습니
다." 하고 웃으며 뒤에서는 "우리 반 애들이 뭐 어때서?"라고 소심하
게 화낸다. 겉으로는 아무렇지 않은 척, 대범한 척, 절대 티를 안 낸
다. 힘들었다. 이렇게는 못 살겠다 싶어 책을 뒤졌다. 인간심리, 정
신분석, 진화심리 등 많이 읽었다. 그런데 이게 좀 먹혔다. 출렁이던
마음이 가라앉았다. 더 배워보고 싶었다. 그렇게 상담심리를 공부하
게 되었다.

하지만 난 여전히 소심하다. 본성은 쉽게 안 바뀌나 보다. 달라진 것이 있다면 지금의 난 대범하게 소심하다. "난 소심해."라고 드러낼 수 있게 됐다. 겉모습과 속마음을 일치시키는 것, 날것 그대로 드러내는 것, 이게 나한테는 큰 용기다. 더불어 '소심한 게 잘못은 아니잖아.', '있는 그대로도 봐줄 만하지 않나?'라고 생각하기 시작했다. 하지만 이 생각이 완전히 몸에 배지는 못했다. 수백 수천 번 되뇌었지만 머리와 손발은 생각보다 멀었다.

어떻게 이 사이를 조금이라도 좁힐 수 있을까? 그 고민에서 글이 시작됐다. 지식만으로는 달라지지 않는다. 익힌 지식을 적용해 나를 돌아봐야 한다. 내 감정의 원인을 찾아야 한다. 여기까지는 할 만하다. 그 다음 단계가 가장 중요하고 어렵다. 바로 행동이다. "가장 먼 여행은 머리에서 가슴까지라고 한다. 그러나 더 힘든 여정이 남아 있다. 가슴에서 발까지의 여행이다." 존경하는 고(故) 신영복 선생님의 말이다. 앎과 행함의 틈, 이 간격이 독서의 한계다. 책은 원인과 방책을 주지만 실행으로 이어지지는 않는다. 실행은 책만으로는 역부족이다. 그래서 필요한 것이 더 있다. 그건 함께 약속하고, 잔소리하며, 응원해주는 온기를 가진 진짜 사람이다. 우리에게 상담이 필요한 이유다.

그런 마음으로 조금이라도 실제 상담에 가까워질 수 있도록 이 책 속에 여러 공간을 마련했다. 이 공백을 적극 활용해보았으면 한다.

거기에 나만의 감정을, 그 속에 숨은 사연들을 털어놓으셨으면 한다. 스스로 약속하고, 그 다짐을 실행할 자신을 응원해주시기를.

이것들은 내가 실천해본 방법들이다. 나름 효과가 있었던 것 같다. 요즘에는 남들 앞에서 웃는 낯으로 말하고는 뒤에서 분통 터뜨리지 않는다. "선생님, 이건 어때요?"라고 대꾸할 여유도 생겼다. 한 자까진 안 되어도 한 치 정도는 성장하지 않았나 싶다. 성장은 날 둘러싼 세계가 모두 내 적이 아님을 깨닫게 해준다. 그래서 성장한다는 건 행복한 일이다. 나 같은 아픔을 가진 선생님이 있다면 그도 조금 더 행복해지면 좋겠다. 그 계기가 이 책이라면 말할 것도 없다. 이것이 내 과한 욕심이라면 이 책을 통해 이것만 느껴주셨으면 한다. 그렇다면 더 바랄 것 없이 흡족할 것 같다.

"나도 이만하면 괜찮다. 그리고 당신도 그만하면 괜찮다."*

· · ·

'톡탁톡탁.'

낡은 노트북 키보드 울림 속에 글자들이 쌓여가는 매 순간, 이제

---

*미국의 정신의학자이자 교류분석 상담이론의 창시자 에릭 번(Eric Berne).

껏 받아온 무수한 보살핌, 가르침들이 한시도 내 곁을 떠나지 않고 함께했다. 날 이끌어준 모든 분께 감사하다.

내가 건강하고 행복하게 사는 것이 본인들 건강보다 훨씬 중차대한, 일생의 소원이라는 울엄마, 아빠. 무뚝뚝하고 무심한 동생을 살갑게 챙겨주는 우리 누나, 귀여운 조카 수연, 은재. 존경하는 스승님 김광수, 김경집 교수님, 저의 롤모델 하요상 교수님, 항상 도움만 받는 한선녀, 기경희 선생님. 첫 책을 쓰도록 나를 밀어주신 이명희 선생님, 바쁜 학교생활에도 공부의 끈을 놓지 않도록 도와주시는 이은경, 김선경, 임효선, 라종훈 선생님을 비롯한 상담연구회 동료들, 최고의 동학년을 선사해준 오계숙, 이영애, 이은상, 안미정 쌤, 그리고 제 글에 격려를 아끼지 않은 하은주, 이경진 쌤. 한결같이 응원해준 이혜선, 강추경, 김진영 쌤. 모두가 부러워하는 행복한 학교를 만들어주신 신우초 박한흥 교장선생님, 한상근 교감선생님. 신우초의 즐거웠던 첫 동학년 천민희, 서진필, 하효정 쌤. 버릇은 없지만 어찌보면 귀여운 새신랑 오병권, 새신부 이선아 쌤. 등장인물로 열연한 동기들 민수, 성훈, 성표, 신기, 석현, 재성, 성환, 희철, 기영이형, 경원이형.

하늘에서 내려준 보석이자 가장 큰 숙제 승찬이, 효주.

하늘에서 내려준 내 반쪽 사랑하는 민영이.

마지막으로 부족한 글을 다듬고 꾸며주느라 땀 흘리신 팜파스 출판사 관계자 분들, 그리고 박선희 편집자께 감사 말씀 드린다.

양 곤 성

CONTENTS

2 선생님도 학교라는 회사의
상처받는 직장인입니다

학교 내 관계에서 나를 힘들게 하는 감정 살펴보기

3 나도 행복한 교사가 되고 싶습니다

나와의 관계에서 일어나는 감정 살펴보기

사례 1

지난 2014년 9월 영남권의 한 고등학교 화학교사 A(여 · 50대)씨는 수업시간에 휴대폰을 보던 B군에게 "교실 밖으로 나가라."고 주의를 줬다. B군은 "내가 내 돈 내고 수업 받는데, 왜 나가라고 하느냐? X나 빡치네."라면서 대들다 급기야 A씨에게 철제 의자를 집어던졌다. A씨는 이를 팔로 막다가 어깨 관절 힘줄이 파열돼 전치 7주 진단을 받고 수술을 받았다.

_2015년 교권 회복 및 교직 상담 결과, 한국교원단체총연합회.

사례 2

중학교 여교사가 잠자는 A군에게 "자세를 똑바로 하라."고 훈계하자 A군은 고개를 푹 숙이더니 갑자기 자위행위를 시작한다. 학교선도위원회가 진상조사를 벌이고 처벌수위를 협의하는 기간에도 A군은 성인사이트에 야한 동영상을 올리고 직접 창작한 음란소설을 올린다.

_2016년 교권보호 길라잡이, 충청북도교육청.

사례3

P교장은 임신한 여교사에게 막말 수준의 폭언을 수차례 퍼부었고 해당 교사는 이로 인한 스트레스로 불면증에 시달리다 아이를 유산하고 정신과 치료까지 받았다. C교감은 교사가 실수나 잘못을 저지를 경우 "건방지다. 그런 것도 못하면 교사를 그만둬야지." "네가 하는 일은 구역질이 난다."는 식의 막말을 서슴지 않았다.

_"폭언-교권 침해" 교장 강등, 교감 해임 중징계, 2016-02-04, 뉴시스 기사.

위의 사례들은 모두 실제 사건이며, 조그마하게나마 언론에 보도 됐습니다. 하지만 우리 모두는 이 기사들이 빙산의 일각임을 알고 있습니다. 일부 중 일부만 그것도 스승의 날 즈음에 보도될 뿐이죠. 실제 학교 현장에서는 위와 같은, 때론 더 심각한 사건이 수없이 발생하며 많은 선생님들이 고통을 받고 있습니다.

무수한 상처 속에서 살고 있지만 교사는 함부로 감정을 드러내서는 안 되는 감정노동자(emotional labor)입니다. 감정노동이란 말은 '소비자가 보살핌을 받는다고 느끼도록 표정을 유지하고 감정을 억압하거나, 실제와는 다른 감정을 표현하는 등의 감정관리 노동'을 뜻합니다.*

이 긴 정의를 직관적으로 비유한 표현이 있습니다. "고객은 청중이고 근로환경은 무대이며 근로자는 배우이다**", 이 말을 그대로 교직에 적용한다면 "학생, 학부모는 청중이고, 학교는 무대이며, 교사는 배우이다."라고 말할 수 있습니다.

감정은 인간의 가장 기본적 권리이며 본능일진대, 우리 교사는 연극무대의 배우처럼 이를 억누르고 연기하도록 강요당합니다. 속이 부글부글 끓어도 학생, 학부모, 관리자 앞에서는 억지로 웃어야 하고 분노를 숨겨야 합니다. 이런 일상적인 감정노동은 교사를 정신적으로 피폐하게 만듭니다.

"정말 속이 시원해. 요즘에는 하루하루 버티는 게 힘들었거든…. 선생님은 큰일이야, 아직도 수십 년을 더 해야 하잖아."

---

*'감정노동'이란 단어는 미국의 사회학자 앨리 러셀 혹실드(A. R. Hochschild)가 《관리된 마음》이라는 책(한국에선 《감정노동》(2009)으로 번역돼 출간)에서 처음 사용한 이후에, 서비스 노동의 보편적 특징으로 지칭되고 있습니다.

** Grove, S. J., & Fisk, R. P. (1989). Impression management in services marketing: A dramaturgical perspective. In R. A. Giacalone & P. Rosenfeld (Eds.), Impression management in the organization (pp. 427-438). Hillsdale, NJ: Erlbaum.

저와 동학년을 함께했던 50대 선배님께서 명예퇴직하며 남긴 고백입니다. 만 62세 정년이 보장된 교직이지만 요즘 정년퇴직을 하는 분은 가뭄에 콩 나듯 찾기 힘듭니다. 대부분 선생님이 50대 중반을 전후로 명예퇴직을 신청하는데 이것도 치열한 경쟁을 뚫어야 가능한 일입니다.

근 30년 가까이 헌신한 교직을 떠나는 선배들의 얼굴을 살펴보면 아쉬움, 미련보다는 이제야 감정노동에서 벗어난다는 후련함, 해방감이 훨씬 많이 느껴집니다.

이 같은 개인적 경험뿐 아니라 대단위의 통계를 살펴봐도 대한민국 교사의 감정적 스트레스는 매우 심각한 수준입니다. 한국에서 지난 2009년부터 약 4년 동안 정신적 스트레스로 인해 공황장애, 우울증 같은 정신질환으로 교편을 놓거나 휴직한 교사는 무려 397명, 극심한 교직 스트레스로 극단적인 선택을 한 교사도 해마다 조금씩 늘어나 2008년부터 4년 사이 자살한 교사의 수만 73명에 달한다고 합니다.[*]

그 어떤 교사도 크고 작은 감정적 상처로부터 자유로울 수 없습니다. 하지만 우리 교사들은 직업 특성상 상처를 밖으로 드러내지 못

*2016 교단보고서 6편, EBS 뉴스, 2016. 10. 7

합니다. '교사는 항상 강하고, 의연해야 한다.'는 자기검열과 '교사가 얼마나 편하고 좋은 직업이야?'라는 학교 밖 질서의 시선이 우리 입에 재갈을 물렸기 때문입니다.

우리는 아픔을 숨기고 속으로만 끙끙 앓고 있습니다. 좋아했으나 미움받고, 기대했으나 실망하고, 마음을 줬지만 배신당한 우리 교사들, 그럼에도 불구하고 힘들다는 말 한마디를 하기 힘든 사회 분위기, 우리의 마음속 상처는 아물 틈도 없이 계속 덧나고만 있는 건 아닐까요?

이런 교사들의 감정을 가장 잘 공감할 사람은 같은 교사입니다. 선생님의 상처받은 감정을 치유하고 싶다면 지금 바로 가까운 동료, 친구 교사를 찾아가세요. 그리고 그들과 함께 이야기를 나누세요. 서로의 아픔을 공감하고 위로하다 보면 어느새 훨씬 개운해진 기분을 느낄 수 있을 것입니다. 이 원고의 목적도 이와 같습니다. 마음씨 좋은 옆 반 선생님과 속 깊은 수다를 나눈다는 생각으로 편안하게 책장을 넘겨주세요.

앞으로 펼쳐질 내용엔 선생님이 이미 겪은 괴로움, 앞으로 겪을지 모를 상처들이 담겨 있습니다. 부끄럽지만 제가 겪은 아픔의 고백들도 보실 수 있을 것입니다. 선생님의 상처를 직접 터놓을 자리 또한 마련해 놓았습니다. 이 기회를 통해 함께 수줍음, 수치심을 떨치고 숨김없이 솔직한 감정을 나눠보는 건 어떨까요? 우리 함께 툭 터놓

고 서로를 공감하다 보면 어느새 선생님의 마음도 한결 후련해져 있
을 것입니다.

자, 지금부터 수업 시작하겠습니다. 책장을 넘겨주세요.^^

※이 글에 나오는 인물, 사건 모두는 실제와 관련 없는 작가의 창작임을 알려드립니다.

1

아이들의 눈을 보기가 점점 두려워져요

교실 속 아이들과의 관계에서
일어나는 감정 살펴보기

내가 무능하니까
이렇게 감정 조절이 힘든 거겠지?

"안녕하세요. 선생님. 좋은 아침입니다."

"어머! 선생님. 살 빠졌죠? 오늘따라 예뻐 보이세요."

이영애 선생님은 마주 보는 누구에게든 항상 웃는 얼굴로 대화해 학교에서 '미스 스마일'로 불렸습니다. 모두가 꺼리고 피하려는 초등 6학년 담임업무도 흔쾌히 맡는, 적극적이고 쾌활한 선생이었습니다. 그러던 어느 날 이선생님은 갑작스레 결근하셨습니다. 학년부장 선생님께서는 이선생님이 심한 감기에 걸려 사흘쯤 못 나올 것이라고 모두에게 알려주었습니다. 하지만 이선생님의 얼굴을 다시 볼 수 있게 된 것은 그로부터 한 달 뒤였습니다. 그리고 이영애 선생님이 결근하게 된 진짜 이유를 알게 된 건 그보다 더 오랜 시간이 흐른 뒤의 일이었습니다.

· · ·

"양승찬."

승찬이는 아래로 향하고 있던 눈을 들었습니다.

"책상 속에서 만화책 꺼내."

"… … … … ….'

"어서….'

"… ….'

승찬이는 고개를 숙인 채 아무 반응을 보이지 않았습니다.

"그럼 내가 가져간다."

이선생님은 승찬이 책상 속의 만화책을 꺼내려 손을 뻗었습니다.

"아이… 씨….'

승찬이가 선생님의 손을 잡았습니다. 이영애 선생님은 화들짝 놀랐습니다.

"너… 뭐하는 짓이야? 놓지 못해?"

"아이, 씨…. 진짜 짜증나네.'

"뭐? 너 뭐라고 했어?"

승찬이는 선생님의 손을 뿌리치며 소리를 버럭 질렀습니다.

"선생님이 뭔데 내 걸 뺏어요? 안 보면 되잖아요, 안 보면!!"

. . .

이 사건이 이영애 선생님이 갑작스레 병가를 한 달간 낸 진짜 이유였습니다. 더 놀라운 일은 이선생님은 병가에서 돌아오고 난 후 그 누구에게도 이 사실을 알리려 하지 않았다는 것입니다. 이 사건을 말한 건 한 해를 끝내며 동학년 선생님들과 마지막 종업회식을 하는 자리였습니다.

"정말 올 일 년은 너무 힘든 한 해였어요. 승찬이랑 일 년 내내 기싸움을 하고, 화를 삭이며 보냈어요. 승찬이와 그 일이 있고 나서 겨우 화를 추스르고 학교를 다니고 있었는데… 그 사건 뒤 일주일쯤 후였나? 아침에 눈을 뜨니 갑자기 몸이 꼼짝을 안 하는 거예요. 다리에 마비가 온 것 같았어요. 겨우겨우 몸을 움직여 교감선생님께 전화를 드렸죠. 그리고 하루 병가를 냈는데요. 진짜 웃기는 게 학교에 안 가도 된다는 생각이 들자 바로 다리가 움직였어요…. 정말 신기했어요…. 그렇게 하루만 쉬고 다시 나오려고 했는데… 글쎄 그 다음 날도 똑같은 일이 벌어지지 뭐예요? 아. 이러다 내가 정말 큰일 나겠구나 싶어 한 달간 병가를 내게 됐어요……."

"어머… 진짜야? 그런 일을 왜 지금에야 이야기해? 우리한테 승찬이란 아이에 대해 한 번도 얘기한 적 없잖아? 진작 우리한테 말하지 그랬어요."

"……자랑할 일이 아니잖아요. 듣기 좋은 일도 아니고… 다 제가 못나서 벌어진 일인걸요. 제가 신규교사도 아닌데 이런 말씀을 드리기가 좀 부끄러웠어요."

문제 학생은 교사의 능력 탓이 아니다
———

누구나 자신의 문제를 남들에게 감추려는 습성을 가지고 있습니다. 교사도 마찬가지입니다. 많은 선생님들께서 교사−학생 관계에서 일어나는 무수한 사건들을 숨기려고 노력합니다. '난 교사로서 능력 부족인가 봐.'라고 자신의 미성숙을 자책하기도 하죠. 하지만 어느 정도 경험이 쌓인 교사라면 이선생님이 겪은 사건은 교사 개개인의 인격이나 능력과 무관한 일이라는 것, 그리고 어느 교사에게나 일어날 수 있는 일이라는 사실을 알고 있을 것입니다.

만일 아직 이런 일을 경험하지 않았다면 운 좋게 감당할 수 있는 학생들만 만났기 때문입니다. 무수히 깔려 있던 지뢰들을 재수 좋게 피했을 뿐이지요. 하지만 늦건 빠르건, 수십 년의 교직생활 중에 언젠가 맞닥뜨려야 할 일이기도 합니다.

또한 사람들은 문제 상황뿐만 아니라 문제에서 비롯된 부정적 감정도 함께 숨기고 싶어 합니다. 교사의 경우 이런 경향을 더 보입니다. 아무리 교사라도 이선생님 같은 상황을 겪으면 마음 깊은 곳으로부터 '승찬이를 패주고 싶다, 혼쭐을 내주고 싶다.' 같은 학생에 대한 분노가 끓어오르기 마련입니다. 하지만 이내 '내가 어떻게 이런 생각을 하지?'라고 깜짝 놀라며 머리를 휘휘 저으며 자신의 감정을 부정하려고 하죠. 더 심하게는 '학생에게 이런 감정을 갖다니 난 교사로서 자격이 없어.'라고 자신을 책망하고 괴로워하는 선생님들도 많습니다. 저 또한 한때 이런 죄책감에 매달렸습니다.

하지만 자책하실 필요 없습니다. 교사-학생 관계에서 발생하는 분노, 짜증, 수치심은 절대로 선생님의 기술 부족이거나, 선생님의 마음가짐이 부족해서가 아닙니다. 그저 우리 교사도 완벽하지 않은 인간이기 때문입니다. 인간관계란 기쁨, 즐거움 이외에 실망, 분노도 함께하는 것이 당연합니다. 교사-학생 관계도 보편적 인간관계의 한 종류입니다. 이선생님 같은 상황을 겪고도 '우리 승찬이가 얼마나 힘들면 이럴까?'라고 생각하는 드라마 〈천사들의 합창〉의 '히메나 선생님' 같은 교사는 오직 TV, 영화에서만 존재할 것입니다. 같은 인간끼리 서로 화내고 짜증내는 일은 자연스러운 과정일 뿐 자책할 일이 아닙니다.

우리의 억압된 분노는 과연 어디로 갈까?

————

많은 선생님들이 이 사실을 머리로 알고 있음에도 미움, 분노, 수치심 등의 부정적 감정 때문에 괴로워하십니다. 부정적 감정이 생기면 그것 자체가 문제라고 생각하죠. '내가 승찬이를 미워하면 안 되지. 어른인 내가 참아야지.' 같이 자신의 감정을 애써 무시하고 떨쳐내려고 노력합니다. 자신의 감정을 억누르는 일이 수없이 반복되다 보면 어느새 나도 모르게 습관이 되어버립니다. 이렇게 '내가 참고 있구나.'라는 사실도 느끼지 못할 만큼 무의식적으로 감정을 억누르는 습관을 심리학에선 억압(repression)이라 부릅니다.

교사의 권위가 땅에 떨어진 지금, 선생님들은 모두 본의 아니게 억압의 전문가가 됐습니다. 분노, 짜증이 폭발하는 그 순간, 억압은 '서울의 Y교사 화를 참지 못하고 학생을 구타'라는 실시간 검색어의 주인공이 되지 않도록 도와주는 순기능을 갖습니다. 하지만 부작용 또한 존재합니다.

부정적 감정을 억압하면 아무 일도 없는 듯이 모두 사라질까요? 정신분석학의 창시자 지그문트 프로이트(Sigmund Freud)는 이 억압된 감정이 어디로 향하는지에 대해 의문을 가진 최초의 의학자였습니다. 그의 말에 따르면 억압된 감정은 당장은 사라진 듯 보이지만 결코 없어지지 않습니다. 이 감정은 잠깐 사라진 척했을 뿐, 주인 몰래 멀쩡히 피난처에 숨어 있습니다. 이 피난처를 프로이트는 '무의식(unconsciousness)'이라고 이름 붙입니다. 이 피난처에서 억압된 감정은 복수의 기회를 호시탐탐 노립니다. 그리고 주인이 방심한 틈을 타 뛰쳐나와 주인을 괴롭힙니다.

아무것도 아닌 일에 치솟는 짜증, 이유 없는 무기력이 바로 갇혀 있던 억압된 감정의 복수입니다. 더 심각하게는 이선생님처럼 두통, 마비 같은 신체 증상으로 발현되기도 합니다. 그리고 우리가 마음의 감기라고 부르는, 가장 흔한 정신질환인 우울증도 이 억압된 감정이 원인입니다.

"선생님은 눈이 삐었어요? 저게 뭐가 가깝긴 뭐가
가까워요. 힘들어 죽겠는데 거짓말이나 하고."

학교 뒷산으로 소풍을 갔다 내려오는 길, 지쳐 짜증내는 태수에게 "조금만 가면 학교야. 다 왔으니 힘내자."라는 응원에 태수가 답한 말입니다. 사사건건 반항적이었던 태수의 담임을 맡으며 태어나 저는 처음으로 학생 때문에 불면증에 시달렸습니다. 잠드는 것은 문제가 없었습니다. 그런데 새벽 3~4시쯤 갑자기 태수의 얼굴이 떠오르며 눈이 번쩍 떠졌습니다. 그리고 다시 잠을 청하려 해도 태수의 얼굴과 "선생님, 진짜 뭐예요!!"라는 쇳소리 섞인 목소리가 제 귓가를 때려 다시 잠이 들지 않았습니다. 정말 자다가도 벌떡 일어날 정도로 태수가 미웠고 짜증났습니다. 이럴 때마다 저는 '내가 이런 생각을 하면 안 되지.'라며 제 마음속 분노를 한시라도 빨리 없애려고 기를 썼습니다. 하지만 애를 쓸수록 정신은 맑아졌고 다시 잠은 오지

선생님은
눈이
삐었어요

?

않았습니다.

지금 마음의 병을 시름시름 앓고 있다면

———

혹시 지금 선생님께서 저와 비슷한 마음의 병을 앓고 있지는 않으신가요? 학교에 출근하는 일이 마치 전쟁에 나서는 병사처럼 선생님을 불안에 떨게 만들진 않나요? 별것 아닌 일에도 가까운 가족, 친구에게 벌컥 짜증을 내시나요? 무기력하고 우울하거나 불면의 나날들이 이어지고 있으신가요? 그렇다면 우울이란 감정에 대한 프로이트의 말을 음미해보시길 권유합니다.

'우울은 심리적 분노를 자신에게 돌린 탓으로
발생한다.'

저의 불면증, 이영애 선생님의 신체화 증상은 이렇게 생겨난 것입니다. 저는 태수에 대한 분노를 억압하고 이를 죄책감으로 치환했습니다. 이에 더해 신규교사도 아닌데 고작 아이 하나 제어하지 못한다는 무력감과 수치심이 보태져 제 자신을 비난했습니다. 이선생님 또한 마찬가지였습니다. 승찬이에 대한 원망을 죄책감, 무력감, 수치심으로 바꿔 자신에게 화살을 돌렸습니다.

교사의 분노는 교사의 탓이 아니다

———

이 같은 고통을 겪는 선생님들께 드리고 싶은 말씀이 있습니다.

1. 학생으로 인한 짜증, 분노, 죄책감, 수치심은 선생님 탓이 아닙니다. 이것은 버릇없거나 반항적인 학생의 잘못입니다. 이것을 부정할 수도, 부정할 필요도 없습니다.

2. 선생님께서는 빠르든 늦든 교사라면 누구나 거쳐야 할 성장통을 겪고 있을 뿐입니다. 10대의 학생들은 정도의 차이가 있을 뿐 모두 아직 미성숙한 '애들'입니다. '애들'과 수년간 얼굴을 맞대고 교육이라는 커다란 과업을 헤쳐 나가는 교사-학생 사이에 갈등과 고통이 따라오기 마련입니다. 교사라면 누구나 필연적으로 겪어야만 하는 일입니다.

3. 그렇기에 교사라면 누구나 느낄 자연스런 감정들을 숨길 필요가 없습니다. 이런 자연스런 감정들 때문에 '나는 능력이 부족해, 자질이 부족해.' 같이 죄책감, 수치심을 느낄 필요는 더더욱 없습니다.

프로이트의 말처럼 분노를 내 탓으로 돌릴 때 교사는 불행해집니다. 이것은 교사 자신을 위해서도, 나아가 학생을 위해서도 바람직하지 못한 일입니다. 교사가 행복해야 학생도 행복할 수 있기 때문입니다. 교사도 학생에게 화날 수 있다는 것, 때론 학생을 죽도록 미워하고 증오할 수 있다는 사실을 편안하게 받아들여야 합니다. 교사는 공자, 소크라테스 같은 성인이 아닙니다. 그저 교사라는 가면을 쓴 한 인간일 뿐입니다. 내 안에 있는 분노, 짜증, 억울함 등의 부정적 감정들을 허락하는 것, 그 자체로 받아들이고 인정하는 것. 그것이 학생과의 관계에서 생긴 교사상처를 회복하는 첫 걸음이 될 것입니다.

아닌 척하지만
사실 학생에게 상처를 받고 있다

"어머… 어떻게… 그 학교 애들이 대단하던데요…. 선생님, 괜찮아요?"

"별것 아니에요. 애들이 다 그렇죠."

"정말요? 말은 그렇게 해도 힘드시겠죠…."

"안 힘들어요, 다들 겪는 일인데요. 뭐."

"와, 역시 오선생님은 대단하세요…."

힘든 지역이라고 소문난 중학교에 발령받은 국어교사 오병권 선생님은 이전 학교 동료선생님들의 위로에도 그저 괜찮다 대답했습니다. 정말로 괜찮다고 생각했기 때문이었습니다. 하지만 K 중학교는 괜찮지 못한 학교였습니다. 오선생님이 복도를 지나가도 학생들은 선생님을 본체만체하였습니다. 몇몇 학생만 간단히 목례할 뿐 대부분은 마치 오선생님이 그 자리에 없는 것처럼 스쳐갈 뿐이었습니다. 오선생님이 흔히 말하는 '착한' 교사였기 때문이었습니다. 실제로 오선생님은 그런 학생들을 보며 '참… 세대가 많이 변했네….'하고 속으로 생각할 뿐 특별히 화내지 않았습니다. 다만 최근 들어 속이 안 좋아 조금 스트레스였을 뿐 학교생활은 괜찮았습니다. 그러던 어느 날 1교시 2학년 국어 수업 중이었습니다.

"만도와 진수의 이야기를 볼 때 《수난이대》의 시대적 배경은 언제일까요?"

질문하며 고개를 돌리는 순간, 맨 뒤에서 숨지도 않은 채 아주 여유 있는 자세로 늘어지게 자고 있는 남학생이 보였습니다.

"거기 맨 뒤… 누구더라? 아… 정현수… 일어나세요."

"… …."

"정현수, 일어나라."

"… …."

현수를 깨우는 학생들조차 없었습니다. 결국 오선생님이 직접 현수에게 다가갔습니다.

"수업 중에 이렇게 늘어져 자면 안 되지."

오선생님이 머리를 툭 치자 현수는 소스라치게 놀라며 일어났습니다. 그리고는 오선생님을 멍한 표정으로 쳐다봤습니다. 하지만 현수의 표정은 이내 일그러지며 짜증스런 표정으로 변하였습니다.

"수업 듣자. 현수야."

"… …."

잔뜩 얼굴을 찌푸린 현수에게 한마디를 하곤 교탁으로 돌아가는 오선생님의 등 뒤에서 중얼거리는 소리가 들려왔습니다.

"…아이… 씨. 깜짝 놀… …. 수업… 존… 지루… …. 내가… 자지… 씨… …."

조그만 목소리여서 정확히 알아들을 순 없었지만 그 뜻은 대강 짐작할 수 있었습니다. 오병권 선생님은 가슴속에서 치밀어 오르는 무언가를 느꼈습니다. 급히 몸을 돌리려는 순간에 오선생님은 겨우 자신을 멈춰 세울 수 있었습니다. '저런 애한테 무슨 화를 내냐. 수업이나 마치고 한마디 해야지.'라고 생각했습니다.

겨우 수업을 끝마친 후 오선생님은 현수를 교무실로 불렀습니다. 친구들 앞에서 꾸지람을 들으면 자존심이라도 상할까 배려하는 마음이었습니다. 그런데 교무실에서 아무리 기다려도 현수는 오지 않았습니다. 전화를 걸어 회장에게 현수를 재차 불렀지만 여전히 오지 않았습니다. 두 시간이 지난 3교시 쉬는 시간에 끝내 오선생님이 현수를 직접 찾아 나섰습니다. 오선생님과 마주친 현수는 표정 하나 변하지 않았습니다.

"너 오라는 소리 못 들었니?"

"들었는데요."

"근데 왜 안 와?"

"귀찮아서요."

"뭐? 너 그러면 벌점 받는 거 알아? 몰라?"

"주세요."

"뭐라고?"

"상관없다고요. 벌점 주면 되잖아요."

오선생님은 더 이상 대꾸할 말이 없었습니다. 오선생님은 그날도 점심을 걸렀습니다. 딱히 학생 때문은 아니었습니다. 그날도 그저 속이 편치 않았기 때문입니다. 하루를 마치고 교문을 나서며 오병권 선생님은 중얼거렸습니다.

"오늘 하루도 별것 없이 지나가는구나…."

하지만 오선생님의 중얼거림과는 달리 입맛도 없고, 쉽사리 피곤하며, 방학만 손꼽아 기다리는 무기력한 나날들이 계속되고 있었습니다.

우리는 머리로 먼저 감정을 판단한다

오병권 선생님처럼 조금도 괴롭지 않고 별것 아닌 일상을 보내는 선생님들께 꼭 소개해드리고 싶은 심리학 실험이 있습니다. 1960년 대 미국에서 실시된 스탠리 샥터(Stanley Scachter)와 제롬 싱어(Jerome Singer)의 에피네프린 주사 실험*입니다. 이 실험에서 샥터와 싱어는 피험자들의 교감신경을 자극해 심장박동을 증가시키는 신경전달물질 에피네프린을 주사합니다. 그리고 피험자들을 세 집단으로 나누는데 첫 번째 집단에서는 주사를 맞은 피험자들 중 일부가(사실 샥터와 싱어가 투입한 보조 연구원들) 매우 기뻐합니다. 두 번째 집단에서 주사를 맞은 일부(보조 연구원)가 매우 짜증내고 분노합니다. 마지막으로 세 번째 집단에게는 피험자들에겐 주사의 각성효과를 미리 알려주었습니다.

실험 후 각 세 집단의 피험자들에게 어떤 감정을 느꼈는지 물었습니다. 그 결과 첫 번째 피험자 집단은 '기뻤다.', 두 번째 집단에서는 '화가 났다', 세 번째 집단에서는 '아무 감정도 없었다.'라고 상반된 감정을 보고했습니다. 이 실험은 인간이 감정을 인식하는 데 사회적 참조가 이뤄진다는 사실을 밝힌 기념비적 실험입니다.

제가 이 실험에서 강조하고 싶은 것은 인간은 자신의 감정을 신체반응을 통해 곧바로 느끼는 것이 아니라 머리로 해석하는 과정을 거친 후에 인식한다는 점입니다. 위 실험에서도 나타났듯 심장박동이 빨라지는 똑같은 신체반응을 경험했음에도 사람들은 그 감정을 상황에 기반을 두어 '기쁨', '분노', '무감정' 세 가지로 각기 다른 해석을

---

*참고도서 《사람을 움직이는 100가지 심리법칙》 정성훈, 케이앤제이, 2011

내립니다. 즉 신체반응과 감정인식은 곧장 연결되지 않습니다. 그 중간 단계인 인지적 해석과정이 인간의 기쁨, 분노, 혹은 무감정을 결정합니다.

감정이 우리 선생님들에게 이렇게 외치고 있다면

오선생님처럼 화나거나 수치스럽더라도 머리로 '이건 별거 아니야.'라고 끈질기게 설득한다면 결국 '별거 아니구나.'라고 스스로 납득시킬 수 있습니다. "난 화 안 났어."라고 당당하게 말할 수도 있죠. 하지만 오선생님처럼 '난 화나지 않았어, 별거 아니야.'라고 머리로 납득한다고 해서 감정도 함께 사라질까요? 그렇다면 오선생님이 입맛을 잃거나 교실로 들어서는 것조차 진저리 날 정도로 무기력해질 일도 없었을 것입니다. 앞에서 말한 바와 같이 감정은 무시한다고 사라지지 않습니다. 억압된 감정들은 모두 무의식에 차곡차곡 쌓여 있습니다.

우리 주변에는 수많은 오병권 선생님이 존재합니다. 더 나아가 우리 모두는 오선생님과 어느 정도 닮아 있습니다. '내 인생의 반에 반도 못 산 애들한테 창피하게 화내면 안 되지.', '난 학생들을 감정적으로 대하지 않을 거야.'라고 머리로는 생각하지만 무의식 속에 쌓인 분노, 수치심, 죄책감으로 인해 많은 선생님들이 괴로움을 겪고 있

습니다.

역설적이게도 감정을 무시하면 무시할수록 증상은 더 커지고 깊어집니다. 왜 그럴까요? 그 이유는 감정이 바로 '마음의 감각'이기 때문입니다. 감각은 우리 몸에 꼭 필요한 일들을 일러주는 신호입니다. 배고픔은 영양분을 채우라는 신호, 칼에 베인 통증은 피를 지혈하라는 신호, 배드민턴을 치고 난 뒤 생기는 근육통은 휴식을 취하라는 신호입니다. 만약 배고픈데도 먹지 않고, 칼에 베었는데도 치료하지 않는다면 우리의 감각은 '왜 네 몸을 돌보지 않는 거야? 빨리 네 몸을 돌봐!'라고 성내며 더 큰 굶주림, 더 강렬한 통증을 선사합니다.

마음의 감각인 감정도 마찬가지입니다. 분노, 수치심 등의 감정에 '흥분할 것 없어. 별거 아니야.'와 같이 무시로 일관한다면 감정도 짜증을 냅니다. 그 결과로 불안, 우울, 불면증, 무기력 같은 더 깊은 증상을 만들어내죠. 이 모든 것은 감정이 우리 선생님들에게 외치는 메시지입니다.

'왜 네 마음을 소중히 다루지 않는 거야?
네 마음을 위로해줘.'

마음의 상처도 몸의 상처처럼 정성껏 치료해줘야 합니다. 하지만 마음의 상처를 치료하고 싶어도 그 방법을 잘 몰라 고통스러워하는 선생님들이 많습니다.

억압된 마음의 상처를 치료하는 법

방법 1.

억압으로 인한 마음의 상처를 치료하는 첫 번째 단계는 자신의 감정을 인정하는 것입니다. 오선생님의 '이런 애한테 무슨 화를 내.'라는 생각은 화났지만 화나지 않았다고 자신을 설득시키는 것입니다. 그렇게 하면 인지적 설득에는 성공하더라도 분노 감정은 무의식에 남습니다. 그리고 상처는 계속 곪아갑니다.

상대가 학생이어도 심지어 갓난아기일지라도 화가 나는 법입니다. 화가 났다면 부정하지 말고 그 감정에 머물러야 합니다. 수업을 위해 잠시 참더라도 '별것도 아닌데 화를 내서 뭐해.'가 아니라 '진짜 열 받네. 짜증 나. 그래도 수업을 위해 조금만 참자.' 같이 분노는 인정해야 합니다.

'여기 상처가 났구나.'라고 인정하지 않으면 치료는 시작도 할 수 없습니다.

방법 2.

두 번째 방법을 설명하기에 앞서 영국에서 일어난 한 비극을 소개해드리겠습니다.

유치원 보모에서 일약 왕세자비가 된 국민적 신데렐라 다이애나 스펜서(Diana Frances Spencer)가 1997년 8월 불의의 교통사고로 사망합니다. 모든 영국인의 사랑을 받았던 왕세자비의 죽음에 영국 전역은 큰 슬픔에 빠져들었고, 수많은 영국인들이 눈물로 그녀의 죽음을 애도합니다. 그런데 이 사건 이후, 흥미로운 현상이 관찰됩니다. 왕세자비의 죽음 이후 우울증이나 정신적인 고통을 호소하며 치료를 받는 사람의 수가 급격히 줄어든 것입니다. 이 신기한 현상은 '다이애나 효과(Diana effect)'라 불리게 됩니다. 많은 전문가들은 다이애나 효과의 원인으로 '눈물'을 지목합니다. 다이애나의 죽음에 슬퍼하면서 눈물을 흘리는 행동 자체가 일종의 감정 해방구로서 정신적인 치료제 역할을 했기 때문에 크고 작은 마음의 병이 치유된 것입니다.

이 사건을 통해 우리는 감정의 상처를 치유할 두 번째 방법을 알수 있습니다. 베인 상처에 밴드를 붙여야 한다는 사실처럼 너무 뻔하고 단순하지만, 억압이 습관화된 선생님들에게는 무척 힘든 과업일 것입니다. 바로 자신의 감정을 주변에 알리고 표현하는 것입니다.

이렇게 간단한 일이 어떤 선생님에겐 힘겹게 느껴지는 이유가 있습니다. 몇몇 선생님들의 마음속에는 '이러다 폭발해버리면 어쩌지?

내가 날 조절하지 못해 상대방을 해치면 어쩌지?' 같은 걱정이 있습니다. 고통스런 감정을 노출하면 그 감정이 폭발하고 파국적인 결말을 맞을까 봐 두려워합니다. 이것은 선생님 안에 억압된 무자비한 분노의 존재를 무의식적으로 느끼기 때문입니다. 그래서 분노, 짜증 등 부정적인 감정을 기피합니다.

또는 부정적 감정을 노출하는 데 죄책감을 느끼는 선생님도 있습니다. 여기에는 '착한 사람이 되어야 한다. 교사는 너그러워야 한다.'라는 강력한 초자아(Superego)*가 작용합니다. 역시 자신의 행동이 그릇됐을까 두려워합니다.

이 두려움은 폭언, 폭력 같이 감정을 일순간 폭발시키는 공격적인 표현방법에만 해당됩니다**. 원숙한 성인인 우리는 충동적, 공격적 방법 이외에도 분노를 표현할 기술을 이미 습득하고 있습니다. 바로 '언어'입니다. 저 역시 대한민국의 여느 남성과 마찬가지로 제 분노, 짜증, 수치심을 주제로 대화하는 일을 부끄럽게 여겼습니다. '뭐 그

---

*프로이트는 초자아, 즉 무의식의 도덕관념이 어린 시절에 부모를 동일시하며 형성된다고 말합니다. 초자아가 너무 강할 경우 강박에 빠질 수 있다고 합니다.

**실제 치솟은 분노를 그 자리에서 학생에게 폭발시키는 것은 교육적 차원을 넘어서 선생님의 건강에도 해로운 일이기에 지양해야 합니다. 실제 공격적인 행동은 오히려 분노를 더 증가시키고 심혈관 질환과 높은 상관관계를 보인다는 많은 연구결과들이 있습니다. 반대로 분노 감정을 대화로 표현하는 사람들이 그렇지 못한 사람들보다 혈압이 안정적이라고 합니다.

런 것을 가지고 그래. 별것 아니야.'를 반복하는 또 하나의 오선생님이었죠. 하지만 지금은 조금 달라졌습니다.

"제가요, 오늘 진짜 열 받는 일이 있었는데요…. 글쎄 정수가 국어 수행평가를 3일째 제출하지 않는 거예요. 제가 그렇게 기한 내에 제출하라고 말했는데…. 걔는 워낙 굼떠서 제가 특별히 따로 불러서까지 단속했거든요. 집에 가기 전까지 꼭 해놓고 가라고 신신당부를 하고 남겼는데… 근데 잠깐 교무실에 내려갔다 오니 애가 없어졌어요. 도망간 거예요. 아, 진짜 짜증나서 미쳐버리는 줄 알았어요. 어떻게 애가 그럴 수 있죠? 하. 정말… 애들이 제가 안 무서워서 그런가 봐요. 제가 애들을 잘 못 다루나 봐요. 어쨌든 내일 오면 이놈을 혼쭐낼 거예요."

저는 상담심리학을 공부한 후부터 마음속의 분노, 창피함을 되도록 주변에 많이 이야기하려고 노력하는 편입니다. 사소한 일이라고 해도 일부러라도 바깥으로 표현하려고 노력합니다. 이런 과정을 반복하다 보면 종종 나도 모르게 놀라곤 합니다.

'어? 이야기 하다 보니 화가 가라앉네. 정말 별것 아닌 일이었네….'

이런 식으로 신기할 정도로 감정이 누그러진 제 자신을 발견하니다. 그렇게 화낼 일도 아니었을 뿐더러 부끄러워할 일은 더더군다나 아니었다는 생각이 자연스레 머릿속에 떠오릅니다.

빨래를 세탁기 안에 젖은 채로 오래 두면 결국 썩게 됩니다. 이를 방지하기 위해 바깥으로 꺼내 햇볕에 비춰 말려줍니다. 분노도 마찬가지입니다. 고통스런 감정을 인식하고 적절한 방식으로 밖으로 꺼내 빛을 비춰주면 감정은 수그러듭니다. 그리고 흘려보내기 쉬워집니다. 감정을 억압하기 위해 속으로 중얼대는 '별것 아니네.'가 마음에 상처를 남긴다면 감정을 밖으로 모두 표출한 뒤 중얼거리는 '별것 아니네.'는 홀가분함을 줍니다.

누구든 좋습니다. 자신이 느낀 분노를 표현할 대상을 마련해야 합니다. 동학년 선생님이 불편하다면 교내 친한 교사에게, 같은 학교 교사가 불편하다면 가족에게, 가족이 힘들다면 가까운 친구 교사, 혹은 그냥 친구도 좋습니다. 학교에서 생긴 분노를 주기적으로 함께 나눌 누군가를 만들어야 합니다. 사정이 여의치 않다면 인터넷 커뮤니티의 익명 게시판도 훌륭한 창구가 됩니다. 아니면 공책에 자신의 분노를 적는 것도 좋은 방법입니다.

오선생님도 가까운 누군가와 이렇게 이야기했으면 어땠을까요?

"오늘 4교시에 어떤 싸가지 없는 놈을 봤어…. 수업시간 내내 잠만 쳐자기에 깨웠더니 내 뒤에 대고 들릴 듯 말듯 구시렁대는 거야. 정확히는 못 들었는데 내 수업이 지루해서 잔 거라나 뭐라나…. 아,

예전 같으면 아주 눈물을 쏙 빼주었을 텐데… 어떻게 했는지 알아? 그냥 잘 못들은 척하고 지나갔어. 그리고 계속 수업했지. 참… 나도 성질 많이 죽었지. 그런데 진짜 짜증나기도 하고 부끄럽기도 하고… 그렇더라고… 어쨌든 참 교사를 하기 힘든 세상이야."

난 몹시 화가 났었다고, 그리고 창피했었다고 말해도 선생님을 비난할 지인은 없습니다. 교사라는 일이 얼마나 고된지, 아이를 다루는 일이 얼마나 더럽고 치사한 일인지 약간만 설명해도 모두 고개를 끄덕일 것입니다. 이해해줄 것입니다. 상대가 교사라면 더더욱 심심한 공감과 위로를 건네겠죠. 아주 작은 감정의 동요라도 흘려보내지 마세요. 그날 안에 있는 내 분노를 끄집어내어 빛을 쐬어주어야 합니다. 그것이 마음에 난 상처를 치료하는 방법입니다.

방법 3.

억압된 마음의 상처를 치료하는 세 번째 방법은 상대에게 내 분노를 직접적으로 표현하는 일입니다. 분노한 상대에게 직접적인 감정표현은 자칫 관계를 파국으로 몰고 갈 수도 있기에 조심해야 합니다. 상대에게 전달할 때 다음을 준비하세요.

① 내가 화난 이유를 명확히 구체화 합니다.
② 상대방에게 내가 화난 이유와 요구를 논리적으로 전달합니다.

③ 상대방의 말도 귀 기울여 들을 준비를 합니다.

이때 중요한 것은 '감정을 억누르고 또한 드러내야 한다'는 사실입니다. 감정을 억누르는 것은 상대방을 봐주기 위함이 아니라 내 의견을 명확히 전달하기 위함입니다. 다만 격한 감정을 드러낼 경우에, 상대방 역시 방어적, 감정적으로 나올 수 있으며, 내 의사전달에 실패하게 됩니다. 오선생님처럼 "너 벌점 받아." 같은 협박도 마찬가지입니다. 상대방이 받아들이기 위해선 내 억울한 점을 차분히 일목요연하게 전달해야 합니다. 그렇다고 감정을 감춰서는 안 됩니다. 자신이 화났다는 사실을 분명히 표현해야 합니다. 표현하는 수단은 물론 '언어'입니다. 다음처럼 시도해볼 수 있을 것입니다.

"현수야, 내가 화가 많이 났다. 네가 수업시간에 잠을 자고, 선생님한테 비속어를 쓴 것을 들었어. 그래도 나는 좋은 말로 타이르려고 했어. 하지만 넌 오지 않았지. 결국 선생님이 직접 찾아가게 만들었어. 선생님은 지금 기분이 많이 상했다. 어떤 사정이었는지 네 얘기를 꼭 들어보고 싶다."

마음의 상처를 잘 돌보는 법

우리의 마음도 몸과 마찬가지로 상처 나고 피가 흐릅니다. 혹시 몸의 상처는 즉각 처치하는 반면 마음의 상처를 돌보는 데는 소홀하지 않으셨나요? 소홀한 정도를 넘어 마음의 상처를 아예 무시하고 있지는 않나요? 수많은 학생들의 마음을 돌보느라 온 힘을 쏟는 열정적인 선생님이 정작 자신의 상처를 보살피지 못하고는 합니다. 오늘 가까운 누군가에게 전화해 함께 맛집에 들려보는 건 어떨까요? 같이 즐기면서 상처를 나누고 보듬어준다면 날 짓누르던 무시무시한 감정의 고통도 어느새 한없이 쪼그라들어 있을 것입니다.

나의 분노 나누기

나와 분노를 나눌 사람은 누가 있을까요? 나를 가장 잘 이해하고 공감해줄 사람 혹은 대상을 생각해보세요. 만남이 불편하다면 인터넷 게시판이나 공책 등도 좋습니다. 중요한 것은 분노를 표현하는 것이니까요.

그리고 가장 최근 분노했던 사건을 생각해보세요. 그 사건에 대해 적어보고 주변의 가까운 사람과 이야기를 나눠보세요. 이야기할 때는 사건의 전후 관계보다 선생님의 '현재 감정'에 초점을 맞추세요. 훨씬 나아진 기분을 느낄 수 있을 것입니다.

나의 분노를 나눌 대상 (지인 혹은 게시판, 공책)	1순위 :
	2순위 :
	3순위 :

언제, 어디서, 누구와?

어떤 일로 분노를 느꼈나요?

0(분노 없음)~10(폭발하는 분노) 사이의 점수로 나타낸다면?

_____

그 사건으로 내가 느낀 감정은?

_____

그 사건으로 인한 나의 신체 반응은?

_____

내가 받고 싶은 위로는?

_____

언제, 어디서 이 이야기를 나눌까?

_____

분노를 참지 못하는
선생님이 되어버렸다면

초등학교 2학년을 맡고 있는 이선아 선생님은 매일 아이들에게 화를 냅니다. 반 아이들 모두에게 고성을 지르기도 하고 아이를 따로 불러 나무라기도 합니다. 이선생님이 화를 내는 이유는 거의 정해져 있습니다. 아이들이 이선생님의 말을 무시하기 때문이었습니다.

"너희들 종치는 소리 못 들었니? 종친 지가 언젠데 아직도 떠들고 있어? 너희가 1학년이야? 이제 2학년이잖아? 2학년이 선생님이 화내야만 조용히 해?!"

대부분의 수업이 이런 식으로 큰소리와 함께 시작합니다.

"이태진, 너 정신 못 차릴래? 선생님한테 혼난 지 얼마나 됐다고 또 뒤를 돌아봐?!"

이렇게 화를 내고 나면 이선생에게 지끈지끈 두통이 찾아옵니다. 머리가 아프면 더 짜증이 밀려옵니다.

어느 날 아침에는 학부모에게 전화가 걸려왔습니다.

"선생님 오늘 소영이가 학교를 못 가겠어요."

"아… 소영이가 아픈가 보죠?"

"네… 좀 그런 것 같아요. 그런데…… 선생님…."

"네?"

"…저…… 소영이가 선생님이 무서워서 학교에 가기 싫다는 말을 하네요…. 그래서 배가 아프다는 핑계로 학교에 안 가려는 것 같아요…. 선생님…. 이런 말씀 드려도 되나 싶지만… 애들에게 조금만 덜 무섭게 해주시면 안 될까요?"

소영이 어머님의 말씀은 이선생에게 무척 충격이었습니다. 이 말을 들은 후 이선생의 두통은 더욱 심해졌습니다. 이후로 이선생은 아이들에게 화내지 말아야겠다고 결심했습니다.

그렇게 결심하고 나서 가만히 살펴보니 정말 아이들이 자신을 많이 무서워하는 것이 느껴졌습니다. 아이들은 이선생이 언제 화낼까 눈치를 보고 있었습니다. 수업 중에는 항상 긴장한 표정이었습니다. 혼날까 무서워 발표도 못 하는 것처럼 보였습니다. 이선생이 농담을 던져도 어색한 표정을 지을 뿐이었습니다. 이 모습을 본 후 이선아 선생님은 '아, 내가 화를 너무 많이 내서 아이들도 변했구나.'라고 반성하게 됐습니다. 그리고 다시는 화를 내지 말리라 다짐했습니다. 하지만 그 다짐은 길게 가지 못했습니다.

"김찬우!! 수업 종이 치면 책 펴놓으라고 몇 번을 말해야 하는 거야?! 넌 왜 이렇게 말귀를 못 알아먹니?"

이틀을 채 못 견디고 결국 터지고 말았습니다. 이선생님은 아무리 반복해도 규칙을 지키지 않는 아이들이 도무지 이해가 가지 않았습니다. 그런 아이들을 볼 때면 머리가 지끈거렸습니다. 아무리 누르려 해도 두통과 짜증이 함께 솟구쳐 도저히 견딜 수 없었습니다. 일상생활에서는 괜찮은데 유독 학생들에게는 왜 이렇게 분노조절이 안 되는지 이선생님은 도대체 알 수 없었습니다. 또한 이선아 선생님은 이런 자신이 실망스러워 견딜 수 없었습니다.

학생에게 참을 수 없는 분노가 끓어오르는 이유

'분노의 결과가 그 원인보다 훨씬 더 심각하다.'

로마 역사 중 최고의 성군 5현제 중 한 명이고 철인황제(철학자 황제) 마르쿠스 아우렐리우스(Marcus Aurelius)의 명상록에 실린 격언입니다. 누구나 알듯이 직접적인 분노표현(욕, 폭력 등)은 대부분 참담

한 결과를 불러일으킵니다. 모두 이 사실을 알지만 화를 내지 않는 사람은 없습니다.

　사람은 어떠한 때 분노할까요? 스위스와 독일의 심리학자인 쉐러 (K. R. Scherer)와 월봇(H. G. Wallbott)은 5대륙 37개 국가의 대학생 2900여 명을 대상으로 다양한 감정을 느끼는 상황에 대해 조사해 연구한 바 있습니다. 이 조사결과* 중에서 분노를 느끼는 상황에 대해 가장 응답률이 높은 것으로 '다른 사람이 고의적으로 유발한 불쾌하고 공정하지 못한 상황'이 꼽혔습니다. 불공정한 대우를 받는다는 느낌이 분노를 일으키는 주원인 중 하나라는 것은 다양한 연구에서 여러 번 증명된 바 있습니다. 학생들이 선생님의 말을 고의적으로 듣지 않는다고 느낄 때, 이에 더해서 내가 받아 마땅한 대우를 못 받는다고 느낄 때, 분노하게 되는 건 인간으로서 느끼는 일반적인 감정입니다.

　분노 표출에 대한 또 하나의 재미있는 연구가 있습니다. 호주 맥쿼리 대학의 줄리 핏니스(Julie Fitness)는 직장인 175명을 대상으로 직장 내 분노에 대해 인터뷰를 통한 조사연구**를 실시했습니다. 그

---

*Scherer K. R., Wallbott H. G., Evidence for universality and cultural variation of differential emotion response patterning, Journal of Personality and Social Psychology, 1994.

결과, 화가 났을 때 분노를 표출하는 비율이 상대 직급에 따라 달라지는 것으로 나타났습니다. 상사에게는 45%가 분노를 표출하고, 동료에겐 58%, 부하직원에게는 71%가 분노를 표출한다고 합니다. 우리 교사들이 학생들을 상대로 인내심이 약해지는 것도 어찌 보면 일반적인 현상입니다.

그런데 한편으로 생각해보면 학생들도 억울한 점이 있습니다. 대부분 학생들이 산만한 행동을 하는 주목적은 선생님께 반항하기 위해서가 아니기 때문입니다. 이선생님의 학생들처럼 대부분의 학생들은 하고 싶어도 자기조절이 안 되서, 혹은 집중력이 짧기 때문에 산만한 행동을 보입니다. 학생들에게는 불가항력적인 면이 있죠. 그리고 우리들도 누구보다 이 점을 잘 알고 있습니다. 그럼에도 불구하고 참다 참다 결국 학생들에게 울컥 화를 내곤 합니다. 이런 식으로 화를 낸 자리에 남는 건 '후회'입니다. 많은 선생님들이 학생들에게 화를 내고 나서 후회하고 또 후회합니다. 하지만 괜찮습니다. 우리 교사도 학생과 마찬가지로 결국 완벽할 수 없는 인간이기 때문입니다.

**Julie Fitness, Anger in the workplace: an emotion script approach to anger episodes between workers and their superiors, co-workers and subordinates., Journal of Organizational Behavior, 2000

이런 문제는 시간이 해결해줄 수 있습니다. 후회는 또 한 번의 다짐을 만듭니다. '다시는 화내지 말아야지.'라는 다짐과 반성이 쌓여가며 우리는 '경륜'을 얻게 됩니다. 별의별 학생을 겪으며 경력이 쌓일수록 가장 성장하는 것은 수업기술도, 업무능력도 아닌 바로 경험에서 비롯된 너그러움이라고 저는 생각합니다.

그러나 경험이 쌓여도, 머리로는 알면서도 참을 수 없는 분노가 끓어오를 때가 있습니다. 본인의 의지로 조절되지 않는 격한 분노를 번번이 심각하게 느낀다면, 그래서 그런 자신에게 자괴감을 느낀다면, 그에 더해 두통, 복통 등의 신체화 증상까지 나타난다면, 이것은 시간에만 맡겨둘 것이 아니라 뭔가 다른 해답을 찾을 필요가 있습니다.

분노가 숨어 있는 장소를 찾자

———

"선생님, 배가 아파 너무 힘듭니다. 도저히 견딜 수가 없어요. 병원에 입원하고 싶습니다."

"환자분을 여러 방법으로 진찰해봤지만 복통의 원인을 발견할 수 없었습니다. 환자는 꾀병을 부리고 있음이 틀림없습니다. 그러니 환자분을 더 이상 치료할 수 없습니다. 이제 그만 오십시오."

이 장면들은 18세기 후반 유럽의 병원에서 흔하게 볼 수 있었던 상황입니다. 정신질환을 연구하고 치료하는 정신의학은 19세기 초반까지 그 존재조차 인정받지 못했습니다. 특히 우울, 감정조절, 불안 등의 신경증*은 성격의 문제일 뿐 질병으로 인정되지 못했죠. 신경증으로 인한 두통, 복통, 팔다리 저림, 마비 등의 신체화 증상은 당시에 꾀병으로 취급 받았습니다. '스트레스는 만병의 근원'이 두말하면 입 아픈 상식으로 통용되는 현대에서는 상상하기조차 힘든 상황이죠.

19세기 초, 척박한 환경 속에서 신경증 환자를 치료해냄으로써, 신경증이란 병이 실제 존재하며 그로 인해 몸이 아플 수도 있다는 사실을 증명한 사람이 바로 지그문트 프로이트(Sigmund Freud)입니다. 그리고 그의 신경증 치료 핵심이 바로 '무의식(unconscious) 살펴보기'입니다.

---

*정신질환은 크게 정신증과 신경증으로 나뉩니다. 흔히 정신병이라고 알려진 환상, 망상, 환각, 환청 같은 증세가 정신증에 속합니다. 이와 달리 신경증은 현실 판단, 사회생활에는 큰 문제가 없으나 중추신경, 신경전달물질 등의 장애로 인해 우울, 불안, 강박이나 감정조절에 주관적인 불편함을 느끼는 증세를 말합니다.

마음속 깊은 상처가 나도 모르게 튀어나오면

앞서 말씀을 드렸듯이 무의식은 받아들이기 힘든 감정들의 피난처입니다. 이선아 선생님처럼 본인의 이성을 넘어서는 신경증적 분노를 반복해 느낀다면 프로이트처럼 무의식의 흔적을 쫓아가 보는 건 어떨까요?

무의식 형성의 결정적 시기는 유아, 아동기입니다. 이 시기의 인간은 육체, 심리적으로 가장 취약합니다. 보호자의 도움 없이는 생명유지조차 힘들 정도로 나약하죠. 그로 인해 유아는 항상 보살핌을 갈구합니다. 또한 애정도 갈구하게 됩니다. 그 시기 엄마*의 애정은 내가 살 수 있다는 보증수표와 같기 때문입니다. 온 힘을 다해 보살핌과 애정을 갈구하는 만큼 욕구가 좌절되었을 때 받는 분노, 공포, 상처는 매우 강렬합니다.

엄마가 보인 싸늘한 눈빛, 차가운 말투부터 짜증, 모욕적인 욕, 구타 등 이 시기에 받은 상처 경험은 우리의 무의식에 지울 수 없는 흔적을 남깁니다. 상처의 흔적이 수십 년이 지나 성인이 된 후에까지

---

*여기서 엄마란 어린 시절의 주양육자를 뜻합니다. 성장 환경에 따라 아빠, 조부모 등 다른 인물이 될 수도 있습니다.

무의식 속에 남아 있을 정도로 말이죠. 상처받은 내면의 아이는 그 때의 분노, 슬픔들을 생애 내내 다시 반복해 느끼도록 만듭니다. 문제는 과거의 상처가 현재의 애꿎은 누군가에게 폭발되기도 한다는 점입니다.

이선아 선생님의 어머님은 완벽주의적인 교육관을 가진 분이셨습니다. 이선생님은 어린 시절에 엄마에게 따뜻함보다 얼음 같은 냉정함을 느낄 때가 훨씬 많았습니다. 그런 이선생님에게 학생들의 태도가 과거 엄마에게 받은 '나를 존중하지 않는다는 느낌, 나를 무시한다는 느낌'을 상기시킨 것입니다.

이선생님의 어른자아는 '어린 학생이 그럴 수도 있지.'라고 말하지만 무의식의 아이는 콧방귀도 뀌지 않았습니다. 오히려 '내가 어렸을 때는 너희보다 훨씬 노력해도 엄마에게 치도곤 맞았어.'라고 되레 화를 냅니다. 몸은 어른이 됐지만 무의식은 어렸을 때의 상처에서 조금도 벗어나지 못한 것입니다.

갑자기 솟구치는 분노와 짜증을 다스리는 방법

방법 1.

갑작스레 솟아오르는 분노, 짜증 등 이유 모를 감정에 휩싸였을 때 인간은 괴로움을 느낍니다. 하지만 괴롭고 힘든 그 순간이 바로 나의 무의식을 살펴볼 수 있는 절호의 기회이기도 합니다. 내 안에 나도 모르는 강력한 힘이 날 휘두르고 있다는 사실을 인식시켜주는 계기가 되기 때문입니다. 내 안의 상처받은 아이의 존재를 인정하는 것이 바로 정신분석적 치료의 첫걸음입니다.

'내 안에 상처받은 아이가 있다. 그 아이는 무시 받는 느낌을 무척 싫어한다. 엄마의 차가움을 떠오르게 만들기 때문이다. 지금 나는 엄마를 향한 분노를 엉뚱하게 학생을 상대로 풀고 있다.'

정신분석에서는 무의식에 감춰져 있던 상처받은 아이의 존재를 깨닫는 것만으로도 큰 치료 효과가 있다고 합니다. 실제로 내 분노가 사실 내 앞의 상대방 때문이 아니라는 것, 분노는 내 마음의 문제라는 것을 아는 것만으로도 마음은 한결 진정됩니다.

방법 2

두 번째 단계는 내 무의식에 자리한 내면아이를 스스로 위로해주는 것입니다.

'얼마나 힘들었니? 많이 억울했지? 괜찮아… 괜찮아… 이제는 항상 내가 옆에 있어줄게…. 내가 안아줄게….'

억울함, 분노에 휩싸인 마음속 외롭고 불쌍한 아이를, 다 자란 어른으로서 위로하고 달래줄 수 있다면 우리를 휘두르는 분노, 불안도 서서히 가라앉게 됩니다. 내 안의 아이에게 직접 위안의 편지를 써줄 수도 있습니다. 아이의 모습을 그림으로 그려볼 수도 있습니다. 가까운 주변사람에게 소개시켜주고 대화를 나눠보는 것도 좋은 방법입니다.

내 안의 아이가 얼마나 상처가 깊은지, 얼마나 가여운지, 하지만 얼마나 사랑스러운지. 우리 안의 아이가 위로받은 만큼 우리의 마음도 평안을 찾을 수 있을 것입니다.

마지막으로 베트남의 스승으로 추앙받는 임제종의 고승 틱낫한(釋一行) 스님이 묘사한 분노를 다루는 방법을 소개하는 것으로 이 장을 마치고자 합니다.

화는 우리의 적이 아니라 보살핌을 간절히 바라는
아기다. 어머니는 아무리 바빠도 아기가 울면 왜
고통스러워하고 있는지를 살핀다.
만약 아기의 몸에 열이 있으면 열을 식히는 약을
먹이고, 배가 고파서 울었다면 따뜻한 우유를 먹이고,
기저귀가 너무 꼭 죄여 있었다면 기저귀를 풀어준다.

화라는 아기를 돌보기 위해서는 일단 우리가 하던 모든 일을 멈추고 달려가서 의식적으로 품에 안고서 달래야 한다*.

*《화》틱낫한, 명진출판, 2002

무의식에 자리한 갈등 이유를 찾는 방법-자유연상법

프로이트는 무의식의 갈등을 찾아내는 가장 좋은 방법으로 꿈을 이야기하였습니다. 꿈은 우리를 옭아매는 법, 도덕, 이성, 논리가 통하지 않는 세상입니다. 그렇기 때문에 꿈속에서는 의식의 굴레에서 해방된 무의식의 세계가 날것 그대로 펼쳐집니다. 프로이트는 "꿈은 무의식으로 이르는 왕도다."라고 할 만큼 꿈을 정신분석 치료에 중심개념으로 여겼습니다. 하지만 꿈은 매우 난해해 그 참뜻을 이해하기 매우 어렵습니다. 꿈의 분석은 훈련된 정신분석가의 영역이라고 할 수 있습니다.

그렇다면 현실에서 꿈과 비슷한 상황을 만들 수 없을까요? 만약 누구의 눈치도 보지 않고 도덕, 논리도 벗어버리고 자기 생각을 있는 그대로 자유롭게 말할 수 있다면 무의식의 언저리에 도달할 수 있지 않을까요? 이런 통찰에서 시작된 것이 프로이트의 자유연상법입니다. 방법은 매우 간단합니다. 누구도 방해하지 않는 안락한 분위기 속에서 자신의 생각을 편안하게 끊임없이 따라가는 겁니다.

"내가 필요 이상으로 과하게 화난 이유는 뭘까? 학생들이 너무 잘못해선가? 아니야. 애들은 다 그런 건데… 아이들이 내 말을 안 듣는 게 왜 그렇게 화가 날까? 과거에 이런 경우가 또 있었나? 이런 비슷한 감정을 느꼈던 것 같은데… 그래… 생각났다. 은정이야…. 그 애를 죽여버리고 싶을 만큼 미워했어…. 왜 그랬지? …그래, 걔가 나를 무시했어. 나한테 뭣도 아닌 게 잘난 척만 한다고 말했지…. 은정이 때문에 친구들이 날 싫어했어…. 나도 모든 친구들이 날 싫어할 거라고 생각했지. 그 모든 게 은정이 때문이라고 생각했어…. 왜 그렇게까지 생각했지? 과거에 이런 비슷한 감정을 느낀 적이 있었나? …내 엄마가…."

무의식의 흐름을 놓치지 않기 위해서는 그저 생각하는 것보단 소리 내어 말하거나 글로 쓰는 것이 좋습니다. 이때 과격한 언어(죽여버리고 싶다. 시팔, 쌍 등의 욕설)가 튀어나올지라도 제제하지 마십시오. 문제가 된 사건에서 느꼈던 감정을 중심으로 무의식의 흐름을 따라가다 보면 상처받은 아이를 발견할 수 있을 것입니다.

화난 나의 무의식 따라가 보기

_____

_____

_____

화난 나의 무의식 그려 보기

배신감,
학생에게 마음을 줄 용기를 잃다

천민희 선생님은 중학교 1학년 담임을 맡고 있습니다. 요즘 천선생님에겐 고민이 있습니다. 일요일에 효정이에게서 온 카톡 때문이었습니다.

"선생님 저 왕따 당하고 있어요."

천민희 선생님은 깜짝 놀랐습니다.

"효정아, 무슨 일인지 내일 학교에서 자세히 말해줄래?"

"선생님… 저 힘들어요…."

"효정이가 얼마나 마음이 아프면 그럴까. 내일 선생님이랑 자세히 이야기하자."

카톡을 끝내고 생각해보니 요즘 효정이가 평소 놀던 5명의 아이들과 떨어져 지내던 기억이 났습니다. 이미 일이 걷잡을 수 없이 커진 건 아닌지 걱정이 밀려왔습니다.

다음 날 천선생님은 효정이를 만나 이야기를 나눴습니다. 효정이의 말에 따르면 친구들이 갑작스레 말을 걸어도 무시하고 둘, 셋씩 모여 눈을 흘기고, 기분 나쁜 표정을 지어 너무 괴롭다 했습니다. 천선생님은 효정이의 마음이 풀리도록 울음 섞인 고백을 끝까지 들어주었습니다. 방과 후엔 개인적으로 카톡도 주고받았습니다. 그렇게 일주일간 효정이를 잘 다독인 후에 천선생님은 효정이를 제외한 4명의 아이들을 불렀습니다. 처음에는 모두 혼내줄 생각이었지만 웬걸 아이들의 말에 따르면 가해자는 오히려 효정이었습니다.

평소 그룹 안에서 효정이가 리더 역할을 도맡았으며 친구들이 자기 말을 거역 못하도록 강요해왔던 것이었습니다. 방과 후에 아무 때나 막무가내로 친구들을 불러내고, 만약 거절하면 화를 내고, 다른 친구들에게 뒷담화를 했습니다. 그런 식으로 친구들을 돌아가면서 이간질해 모두 상처받고 질려버린 상태였습니다. 또한 효정이가 주장했던 왕따도 4명의 친구들이 효정이와 상대하는 걸 피했을 뿐이지 직접적인 괴롭힘은 없었던 것으로 밝혀졌습니다.

천선생님은 이 사실에 놀라고, 화가 났습니다. 그래도 화를 참고 아이들을 화해시키려 노력했습니다. 하지만 효정이는 자기 잘못을 인정하면서도 "그때는… 현정이가 나를 무시했다. 그때는 지영이가 내 전화를 씹었다." 등 변명만 늘어놓을 뿐이지 제대로 된 사과나 뉘우침은 없었습니다. 천선생님의 노력에도 대화는 제자리만 맴돌다 끝나버리고 상담은 어정쩡하게 파했습니다. 그저 서로에게 직접적으로 피해주지 않는다는 다짐만 받았을 뿐이었습니다.

그로부터 2주 뒤에 효정이에게 또다시 카톡이 날아왔습니다.

'선생님, 이제는 정말 아이들이랑 화해하고 싶어요. 저 정말 힘들어요. 도와주세요.'

천선생님은 효정이가 괘씸했지만 안쓰러운 마음에 다시 한 번 자리를 마련해보기로 결심했습니다. 그리고 화해의 자리를 마련하기 전에 효정이를 제외한 그룹아이들에게 당부 차원의 상담을 실시했습니다. 그런데 그 자리에서 나온 아이들의 증언을 듣고 천선생님은 어안이 벙벙해졌습니다.

"효정이가 계속 우리 뒷담화를 하고 다녀요. 심지어 다른 반 아이들도 저희가 효정이를 욕하고, 왕따시킨다고 뭐라고 하고요. 저희는 정말 효정이한테 아무 짓도 안 하는데… 그냥 효정이가 우리를 내버려뒀으면 좋겠어요."

다음 시간에 천선생님은 효정이를 불렀습니다. 정말 다시 아이들과 친해지고 싶냐고, 정말 다시 가까워지려면 뒷담화하는 행동은 그만두고, 변명 없이 진심으로 사과해야 한다고 말했습니다. 하지만 효정이는 되레 화냈습니다.

"왜 저만 사과해요!! 왜?! 쟤네도 잘못했잖아요!!"

천선생님은 결국 두 손, 두 발을 다 들 수밖에 없었습니다.

"너는 왜 네 잘못을 인정 못하니!! 그러니 친구들도 싫어하는 거지! 네가 그런 태도면 선생님도 더 이상 해줄 게 없어!!"

그 후 천선생님은 효정이와 대화하지 않았습니다. 더 이상 상담도 없었고 효정이의 카톡에도 답하지 않았습니다. 그렇게 2주 정도 흐른 어느 날이었습니다. 종례 때 아침에 걷어놓은 휴대폰을 반 아이들에게 나눠주고 있는데 효정이가 손을 들었습니다.

"선생님, 폰이 안 켜져요."

천선생님이 확인해보니 휴대폰이 정말 먹통이었습니다. 효정이는 엎드려 울기 시작했습니다. 휴대폰을 산 지 두 달도 안 되었다면서 효정이는 눈물을 흘렸습니다. 효정이를 겨우 진정시켜 보낸 천선생님은 골치가 아팠습니다. 아무리 생각해봐도 휴대폰을 배상하는 방법 외에는 뾰쪽한 수가 없었습니다. 머리를 감싸쥐고 동학년 회의를 갔다 오니 책상 위에 쪽지 하나가 놓여 있었습니다.

'선생님. 효정이가 애초에 고장 난 폰을 낸 거예요.'

온몸을 휩싸는 배신감에 천민희 선생님의 몸이 떨려왔습니다. 그리고 그날부터 천선생님은 불면의 밤을 지새워야 했습니다. 눈을 감고 잠을 청해도 갑작스레 효정이의 얼굴이 떠오르면 잠이 확 달아나 버렸습니다. 그동안 효정이의 전화, 문자에 일일이 답해주고 효정이를 도와주려고 했던 자신이 바보, 천치같이 느껴졌습니다. 천선생님은 더 이상 효정이의 얼굴을 마주할 수 없었습니다. '내가 얼마나 잘해줬는데, 내가 얼마나 노력했는데. 어떻게 나한테 그럴 수 있어? 도대체 어떻게 하면 이 분을 풀 수 있지? 이 계집애에게 어떻게 복수하지?' 같은 생각이 머리에서 맴돌았습니다. 수업 중 눈이라도 마주칠 때는 온몸이 부르르 떨려와 수업을 진행할 수 없을 정도였습니다. 효정이가 있는 교실에 발을 들여놓는 것조차 싫었습니다.

갖가지 상념들이 천선생님을 괴롭혔지만 그중 천선생님을 가장 슬프게 한 건 이제 다시는 학생을 믿고 마음을 주지 못할 것 같다는 생각이었습니다. 효정이뿐 아니라 모든 아이들이 천선생님에게 거짓말을 하고 있다고 느꼈습니다. 내가 믿고 노력해봤자 아이들은 결국 배신할 게 분명하다는 생각도 들었습니다. 그 이후 천선생님은 학생들과 진심으로 대화할 용기를 잃어버렸습니다. 교실은 어느새 악마로 가득 찬 지옥으로 변했습니다. 천선생님은 생각했습니다.

'나는 교사로서 실격이야.'

배신감은 교사라면 누구나 느껴봤을 보편적인 직업감정입니다. 아이들에게 진심을 쏟아보지 않았던 교사는 없기에 한 번도 배신감을 못 느껴본 교사 또한 존재하지 않을 것입니다. 선생님이 배신감을 느낀다는 것은 그만큼 아이들에게 최선을 다했다는 증거이며 사랑했다는 증표입니다. 선생님이 지금 이 순간 학생에게 배신감을 느끼고 있다면 고통스럽겠지만 한편으로는 자랑스러운 일일 것입니다. 그만큼 선생님이 아이들에게 진심을 다했다는 뜻이니까요.

하지만 이런 식으로 위로하고 아무 일 없는 듯이 넘기에는 배신감은 너무 쓰리고 아픕니다. 다시는 겪고 싶지 않은 경험이죠. 그렇기 때문에 무엇보다 치유가 필요한 감정입니다. 이를 위해서 배신감이란 감정의 정체에 대해 더 상세히 살펴볼 필요가 있습니다.

배신감의 정체는 무엇일까?

———

"제 땅, 돈, 재산, 마음, 모든 것을 다 걸었습니다. 그런데… 그런데… 다른 사람도 아닌 내 남편이 날 배신했습니다."

"정말 슬픈 일입니다. 안타깝군요…."

"흑… 흑…."

"명심하셔야 할 것이 있습니다. 다음엔 모든 것을 다 걸지 마십시오."

"……"

부인이 떠난 후 모든 사연을 들은 제자가 스승에게 묻습니다.

"저렇게 잘해줬는데도 남편은 왜 배신했을까요?"

"모든 것을 걸었기 때문이지."

"네? 스승님, 그럼 부인의 책임이란 건가요?"

"그렇지. 사실 모든 것을 바친 것도 문제는 아니야."

"무슨 말씀이신지요?"

"그건 겉모습일 뿐, 부인이 남편에게 진정 주려 했던 건 따로 있었어. 그러니 배신당할 수밖에 없는 필연이었던 게지."

"대체 그게 무엇이기에 배신당할 수밖에 없었다는 건가요?"

"기대."

"………그럼 기대를 걸지 않으면 배신은 없는 건가요?"

"모든 배신은 기대에서 오지."

"그럼 부인은 돈, 사랑 아무것도 주지 않아야 했나요?"

"앞서 말했듯이 그건 문제가 아니야."

"그럼?"

"무엇이든 기대 없이 주면 돼. 기대 않고 준다는 건 바라지 않고 주는 것이기 때문에 애초부터 배신은 없지."

"모든 게 아니라 일부를 조금만 걸어도 배신당할까요?"

"일부든 전부든 기대를 거는 일 자체가 배신을 부르지."

"바라지 않고 준다는 게 가능한지요? 세상 무엇을 아무것도 안 바라고 줄 수 있단 말인가요?"

"사랑."

제자는 눈을 감은 채 한참동안 고개를 끄덕였다. 그러다 눈을 뜨고 입을 열었다.

"스승님이 제 눈을 띄워주셨습니다. 그런데…."

"……."

"그래도 전 부인이 너무 불쌍합니다. 자신이 가진 모든 걸 다 걸었는데……."

"넌 너 자신을 다 믿니?"

"……다는 아니지만 조금은 믿습니다."

"너 자신도 다 못 믿는데, 어떻게 남을 믿고 모든 걸 다 걸어?"*

저는 이 글이 배신감의 본질을 꿰뚫은 이야기라고 생각합니다. 배신감을 느낀 사람이라면 누구나 머릿속에 똑같은 생각을 떠올립니다. 그것은 바로 '어떻게 나에게 그럴 수 있지?'라는 의문입니다. 배신감이란 생각지 못했던 행동, 즉 나의 기대를 저버린 행동에 대해 느끼는 감정이라고 할 수 있습니다.

자신, 타인 그리고 세상을 향한 비현실적인 기대

'나에게 잘해줄 거야. 날 좋아할 거야.' 같이 인간은 누구나 타인에게 기대를 걸고 요구합니다. 때론 이 기대나 요구가 우리 마음속에서 비정상적으로 커질 때가 있습니다. 그리고 기대가 충족되지 못하면 배신감에 괴로워합니다. 이러한 비현실적 기대가 주는 심리적 고통에 주목한 미국의 심리학자가 있습니다. 바로 앨버트 엘리스 (Albert Ellis)**입니다.

엘리스는 가장 널리 사용되는 상담이론 중 하나인 '합리적 정서행

---

*참고도서 《마음담금질》 박재항, 보민출판사, 2012.
**엘리스는 1982년에 미국, 캐나다에서 심리치료사를 대상으로 실시된 한 조사에서 정신치료에서 가장 큰 영향을 끼친 치료자 2위에 오르기도 했습니다. 1위는 인간중심치료의 창시자 칼 로저스(Carl Rogers), 3위는 정신분석학의 지그문트 프로이트(Sigmund Freud)였다고 합니다.

동치료(Rational Emotive Behavior Therapy, 줄여서 REBT)'를 창시하였으며, 인간을 조건-반응의 행동주의적 관점으로 바라보던 1960년대 심리치료에서 인지적 요인의 중요성을 최초로 강조한 임상심리학자입니다. 그는 인간의 심리적 부적응과 장애를 나타내는 주요한 원인을 비합리적 신념으로 보았습니다. 엘리스가 말하는 비합리적 신념이란 자신, 타인 그리고 세상에 대한 비현실적 기대와 요구를 의미합니다. 비합리적 신념은 '반드시~ 해야 한다(musts, shoulds).'라는 절대적이고 당위적인 요구의 형태를 띱니다. 그에 따르면 비합리적 신념은 아래와 같이 3가지 범주로 나뉩니다.

비합리적 신념	예시
자신에 대한 당위적 요구 (self-demandingness)	나는 반드시 탁월하게 일을 수행해내야 한다. 다른 사람들로부터 인정, 칭찬을 받아야 한다. 그렇지 않으면 나는 무능하고 무가치하고 고통받아 마땅하다.
타인에 대한 당위적 요구 (other-demandingness)	부모니까 나를 사랑해야 한다. 진정한 친구는 항상 내 편을 들어 주어야 한다. 그렇지 않으면 그들은 나쁜 사람이며 벌을 받아 마땅하다.
세상에 대한 당위적 요구 (world-demandingness)	세상은 항상 정의롭고 공정해야 한다. 내가 노력하면 즉각 보상이 주어져야 한다. 그렇지 않으면 세상은 부당하고 무서운 곳이다.

이 당위적 요구에서 주목할 점은 '현실적으로 실현불가능하다.'는 사실입니다. 실현될 수 없는 기대는 필연적으로 실망과 좌절을 불러옵니다. 엘리스는 이 좌절이 부정적인 감정, 행동을 유발하여 개인을 부적응적인 삶으로 몰아간다고 말합니다. 또한 엘리스는 이러한 절대적, 당위적 신념이야말로 모든 인간이 겪는 정서적 문제의 근원으로 보았습니다.

천선생님의 배신감 속에 자리한 비합리적인 신념들

천선생님처럼 충격적인 일을 겪는다면 학생에게 실망하고 슬퍼하는 것은 너무나 당연한 일입니다. 앞서 말했듯이 감정은 그 자리에 머물러 충분히 느끼고 표현했을 때 그 찌꺼기를 남기지 않습니다. 마음껏 분노하고, 슬퍼하고, 욕하고, 투정 부려도 괜찮습니다.

그럼에도 불구하고 천선생님처럼 배신감으로 인해 일상생활을 유지할 수 없을 만큼 힘들다면, 다시는 학생을 믿지 못할 것 같다면, 상처받은 마음을 치유하기 위해 선생님의 배신감을 조금 더 자세히 들여다볼 필요가 있습니다. 혹시 선생님의 배신감 속에는 비합리적 신념이 숨어 있지는 않나요?

자신에 대한 당위적 요구	• 나는 훌륭한 선생님이어야만 한다. • 사랑받는 선생님이어야 한다. • 그렇지 못하면 난 실패자다.
타인에 대한 당위적 요구	• 내가 노력한 만큼 학생도 나를 좋아해주어야 한다. • 내가 노력했으니 학생도 변해야 한다. • 그렇지 못한 학생은 인간도 아니다.
세상에 대한 당위적 요구	• 내 학급은 항상 나를 지지해야 한다. • 내 학급은 언제나 공정하고 평화로워야 한다. • 그렇지 못하면 내 학급은 지옥이나 다름없다.

이 비합리적인 신념들이 천선생님의 배신감 속에 숨어 있었습니다. 이 신념들은 사건이 일어난 후의 효정이를 인간 이하인 존재로, 교실을 지옥으로 만들어 버렸습니다. 무엇보다 천선생님을 힘들게 만든 건 '나는 실패자야.'라는 스스로 찍은 낙인이었습니다.

내 마음속 들끓는 배신감을 어떻게 극복할 수 있을까?

방법 1.

배신감이 더욱 괴로운 이유는 잘못은 상대방이 저질렀는데 고통은 내가 받기 때문입니다. 내가 노력했던 만큼 고통은 더 커집니다. 너무 큰 고통에 짓눌려 헤어 나올 수 없을 때 가장 첫 번째로 해야 할 일은 충분히 분노하는 것입니다.

하지만 그것만으로 진정되지 않을 때는 먼저 자신의 기대를 점검해야 합니다. 선생님이 아무리 최선을 다해 사랑을 쏟아도 학생 모두가 선생님의 기대에 부응하는 건 불가능합니다. 우리가 가르치는 학생 중에는 효정이처럼 자기감정만이 진실이고 최우선인 미성숙한 아이도 있기 마련입니다. 격렬한 자기연민은 현실인식을 방해하고 결국 주변을 상처 입힙니다. 이 사실을 효정이는 알 수도 혹은 모를 수도 있습니다. 모르고 있다면 가르쳐야 할 일이지만, 알고 있더라도 감정의 폭주를 조절할 능력은 없어 보입니다.

효정이 같은 학생에게 '내가 노력했으니 너도 변화해야 한다. 내가 노력한 만큼 너도 날 좋아해주어야 한다.' 같은 기대를 거는 건 사과나무에서 수박이 자라기를 기다리는 일과 같습니다. 이런 경우, 효정이가 변할 거라 기대하기보다는 선생님의 기대를 변화시키는 쪽이 더 현명한 일입니다.

나의 비합리적 신념을 논박해봅시다*

• 내가 노력했으니 학생도 변해야 한다.

→ 인간은 쉽게 변하지 않는다. 내가 아무리 노력해도 학생은 변하지

않을 수도 있다.

- 내가 노력한 만큼 학생도 나를 좋아해주어야 한다.

  → 내가 노력해도 학생이 날 싫어할 수 있다.

- 그렇지 못한 학생은 인간도 아니다.

  → 학생은 정서, 심리적으로 미성숙한 아이다. 아이의 자기중심적 행동은 어찌 보면 당연한 일이다.

변화된 신념 ➡ 효정이는 잘못된 행동을 일삼는 미성숙한 아이다. 그런 효정이가 변화하려면 스스로 깨달아야 한다. 교사는 단지 물가로 인도할 뿐 억지로 물을 먹게 할 수는 없다. 그러니 효정이가 변화하지 않는다 해도 내 탓은 아니다. 날 좋아해주지 않는다 해도 어쩔 수 없다. 난 최선을 다했으니 필요 이상으로 자책할 필요 없다. 효정이를 원망할 필요는 없다.

＊이 과정은 엘리스의 합리적 정서행동치료(REBT)에서 가장 중요한 논박하기(disputing) 단계입니다. 논박이란 내담자의 부적응적 행동의 원인이 되는 비합리적, 절대주의적 생각을 찾아 합리적인 생각으로 교체시키는 과정입니다. 엘리스는 논박을 통해 비합리적 신념이 효과적인 신념(effective philosophy)으로 변화한다면 내담자를 괴롭히던 부적응적 행동이 사라지고 더 적응적인 감정과 행동을 경험할 수 있다고 말했습니다.

이렇게 지나친 당위성을 합리적 기대로 바꾼다면 배신감의 고통도 조금은 옅어질 수 있을 것입니다.

방법 2.

배신감을 극복하는 두 번째 방법은 학생의 행동만 보지 말고 행동 이면의 상황까지 고려하는 일입니다. 인간은 보통 자기 행동은 그 맥락과 상황을 함께 보면서 타인은 행동 자체로만 평가하는 경향이 있습니다. '내가 하면 로맨스, 남이 하면 불륜'이 이런 경향을 꼬집는 대표적인 말입니다. 효정이의 행동만 따로 떨어뜨려 놓고 본다면 효정이는 정말 나쁜 아이입니다. 하지만 효정이가 친구를 사귀는 걸 무척 힘들어한다는 점, 어울리던 그룹 외에는 반에 친구가 없다는 점, 엄마 없는 한부모 가정이라는 점, 아빠는 집에 잘 들어오지 않고 평소 효정이와 할머니 둘만 살고 있다는 점 등 여러 상황을 함께 고려한다면, 효정이를 바라보는 시선 또한 불륜에서 로맨스로 좀 더 다가갈 수 있을 것입니다. 또한 효정이가 질투는 심하지만 마음을 준 친구에게는 성심을 다한다는 점, 다정한 면도 있다는 점, 웃는 모습이 참 귀엽다는 점 등 효정이의 장점도 함께 생각해보면 어떨까요? 결국 효정이도 장점과 단점이 혼재된 다면적 인간이라는 걸, 그리고 나도 같다는 걸 인식한다면 효정이에 대한 배신감도 조금은 누그러질 것입니다.

방법 3. 그럼에도 불구하고

배신감을 극복하는 마지막 방법은 아이들을 그 모습 그대로 사랑해주는 일입니다*. 가장 어렵고 힘든 방법이죠. 효정이는 누가 봐도 못된 행동을 일삼는 아이입니다. 그 사실을 부정할 수는 없습니다. 아마 앞으로도 비슷한 행동들을 반복할 것입니다. 그럼에도 불구하고 교육 현장에는 효정이 같은 아이까지 사명감을 갖고 진심어린 애정과 열정을 쏟는 선생님들이 계십니다. 그런 선생님들 중 많은 수가 '○○이는 못됐긴 하지만 심성은 착한 아이야. 내가 노력하면 언젠가 변화할 거야.'라는 기대를 학생에게 투영합니다. 그러나 위에서 이야기했듯이 기대란 동전에는 실망이란 뒷면이 붙어 있습니다.

'○○는 심성은 착한 아이야. ○○는 앞으로 변할 거야. 그러니까 나는 그 아이에게 애정을 베풀 거야' 같은 조건부 애정은 필연적으로 실망이란 종착역에 다다릅니다. 때문에 만약 선생님께서 또 다른 효정이에게 애정을 쏟기로 결심했다면 '그러니까'가 아니라 '그럼에도

---

*효정이 같은 아이들에게 사랑을 베푸는 건 낙타가 바늘구멍을 통과하는 것만큼 어려운 일입니다. 저는 교사가 무조건 아이들을 사랑해야 한다는 말에 반대합니다. 교사는 성인이 아니고 성인이 될 필요도 없습니다. 성인이 아닌 우리가 고작 1년 남짓한 기간에 학생을 근본적으로 변화시킨다는 건 불가능에 가깝습니다. 그저 다른 아이에게 피해가 안 가도록 마음을 써주는 것만으로도 우리는 소명을 다한 거라 할 수 있습니다. 그럼에도 불구하고 효정이 같은 아이들에게 진심어린 사랑을 베푸는 선생님들이 계십니다. 이 글은 효정이 같은 문제아까지 사랑으로 감싸는 존경하는 선생님들을 위한 글입니다.

불구하고' 사랑해주셔야 합니다.

'효정이가 비록 못됐지만, 자기밖에 모르지만, 나를 속이려 들지만, 그럼에도 불구하고 난 효정이를 놓지 않을 거야.'

이런 조건 없는 사랑이 선생님을 배신감으로부터 구원해줄 것입니다. 지치고 괴로운 여정일 게 분명합니다. 그런 선생님의 사랑이 효정이 같은 아이를 조금이나마 성장의 길로 인도할 것입니다. 선생님들이야말로 성인이고 참 스승입니다. 세상의 모든 효정이에게 조건 없는 애정을 쏟으시는 수많은 선생님들께 존경을 표합니다.

'우리는 절대로 타인에게 속지 않는다. 자기 자신에게
속을 뿐이다.'

독일의 대문호 요한 볼프강 폰 괴테(Johann Wolfgang von Goethe)의 작품《잠언과 성찰》의 한 구절입니다.

우리가 겪는 배신감의 원천은 학생이 아니라 나 자신일지 모릅니다. '나한테는 다를 거야.', '내가 노력하면 변해야 돼.'라는 기대와 당위에 스스로 상처 입는 것이지요. 우리는 학생의 행동을 완벽히 제어할 수는 없습니다. 그러나 우리 자신의 마음은 제어할 수 있습니

다. 이것이 가능하다면 앞으로도 수없이 겪을 배신의 아픔을 조금이
나마 수월하게 지나갈 수 있을 것입니다.

비합리적 사고들

엘리스는 비합리적 신념을 바탕으로 다양한 비합리적 사고가 생겨난다고 말합니다. 엘리스는 이 비합리적 사고들을 인간이 받는 정서적 고통의 원인으로 지목했습니다. 그중 배신감과 관련 있는 사고들만 골라 교사에 맞게 수정했습니다. 아래의 비합리적 사고들 중 선생님에게 영향을 끼치는 생각이 있는지 천천히 살펴보세요. 만약 있다면 앞서 제시한 '비합리적 신념 논박하기'처럼 아래의 생각을 논박하고 비합리적 사고를 효과적 사고로 고쳐주세요. 그리고 효과적 사고를 여러 번 반복해 읽고 실천하려 노력한다면 선생님이 짊어진 마음의 짐은 어느새 훨씬 가벼워져 있을 것입니다.

비합리적 사고*

1. 내 주위 학생, 동료교사 모든 사람들로부터 인정받고 사랑받아야만 한다.

---

*《Reason and Emotion in psychotherapy》Ellis, Albert, 1962.

2. 내가 가치 있는 교사가 되려면 수업, 생활지도, 업무 등 모든 면에서 철저히 능력 있고, 적절해야 한다.

3. 어떤 학생은 나쁘고 사악하기 때문에 가혹하게 비난받고 처벌받아야 한다.

4. 일이 내가 원하는 대로 되지 않을 때 이것은 끔찍하고 파국적이다.

5. 나의 불행은 순전히 외부에서 비롯되었고 나는 그 슬픔과 장애를 통제할 능력이 없다.

6. 위험하거나 두려운 일이 있으면 그 일에 대해 몹시 걱정하고 그 일이 일어날 가능성을 계속 생각해야 한다.

7. 학생의 문제나 장애로 인해 내가 몹시 당황하거나 속상해해야 한다.

8. 학생 문제의 완전한 해결책은 항상 존재하고, 만약 이러한 해결책을 찾지 못한다면 나는 실패한 것이다.

교직은 성직?
차라리 아이를 덜 미워해보자

이 / 해 /

흔히들 교직을 성직이라 부릅니다. 아이를 어른으로 길러내는 성스런 직업이라는 뜻이지요. 하지만 이 표현은 때때로 '교직은 성직이니까 교사는 성인이어야 한다.'는 의미로 오용되기도 합니다. 교직이 성직일 수 있을지언정 교사가 성인이 될 수는 없습니다. 교사인우리는 희로애락을 느끼는 평범한 인간이기 때문입니다. 교사—학생 관계도 인간관계의 한 종류입니다. 그것도 인간적 호감을 바탕으로 맺어진 자연스런 관계가 아닌 학교라는 제도권 하에 인위적으로맺어진 관계지요. 더구나 대한민국 교육제도는 교사, 학생 모두에게 한계를 한참 넘어선 억압과 고통을 감내하라 강요합니다. 당연히 서로에게 존경과 사랑보단 미움, 짜증, 분노 등 부정적인 감정이 더 많이 발생할 수밖에 없습니다.

이런 엄혹한 현실 아래 교사에게 "교직은 성직, 교사는 성인, 모든 학생을 사랑으로 감싸야"라는 말은 학생에게 시키는 '스승의 은혜는 하늘같아서 우러러 볼수록 높아만 지네.'라는 노래만큼 공허한 메아리입니다. 우리는 모든 학생들을 사랑으로 감싸는 성자가 될 수는 없습니다. 만약 그런 생불이 될 결심을 하였더라도 선생님의 장기적 정신건강을 위해 참으시라 말리고 싶습니다. 결국 '모든 아이들을 사랑해야 한다.'는 도그마(dogma, 독단적 신념, 학설)는 버려야 합니다. 그 대신 제가 드리고 싶은 제안은 '아이들을 덜 미워해보자.'입니다.

"지이이잉~~."

점심시간이 끝나가자 5교시 수업을 들어가려 교무실을 나설 때 오계숙 선생님의 휴대폰이 울렸습니다. 오계숙 선생님의 반 준호 어머니의 전화였습니다. 이 시간에 무슨 일인지 의아해 지체 없이 전화를 받았습니다.

"안녕하세요. 준호 어머님."

"선생님!! 선생님 지금 준호가 어디 있는지 아세요?"

인사도 안 받고 소리부터 지르는 어머니의 목소리에 불길한 예감과 한 학생의 얼굴이 머리를 스쳤습니다.

"네?? 어머님? 무슨 말씀인지?"

"내 그럴 줄 알았어!! 준호가 지금 무슨 일을 당했는지도 모르시죠? 준호 지금 집에 와 있어요!"

"네?? 준호가 집에 갔다고요? 분명 점심 먹으러 가는 것까지는 제가 봤는데요? 무슨 일이…?"

"경석이란 아이가 죽여 버리겠다고 협박해서 무서워 집에 왔대요. 선생님, 도대체 경석이는 어떤 애예요? 제가 경석이란 아이를 직접 만나봐야겠어요."

또 경석이구나. 불길한 예감은 틀리지 않았습니다. 오선생님 반에서 벌어지는 모든 문제들의 중심에는 경석이가 있었습니다.

"어머님, 조금만 진정하시고… 제가 먼저 어찌된 일인지 조사하고 연락드리겠습니다. 우선 수업이 있어 죄송합니다."

흥분한 준호 어머니를 달래 겨우 전화를 끊고 경석이를 불렀습니다.

"경석아. 준호 때린다고 했어?"

"… … …걔가 먼저 저한테 욕했어요."

"그래서 죽여 버린다고 했어?"

"아니 걔가 먼저 저한테 욕했다니까요."

"그래서 잘한 거니?"

"그게 아니라… 준호가…."

"그래서 네가 잘했다는 거야!!?"

문제가 있을 때마다 남 핑계만 대는 경석이에게 화가 치밀어 올라 소리를 지르고 말았습니다. 이번만은 꾹 참고 좋은 말로 타이르려고 했건만 결국 또 성질을 내버렸습니다. '이놈만 우리 반이 아니었으면 올해가 얼마나 편했을까'라는 생각이 절로 들었습니다.

"네가 죽여 버리겠다고 협박해서 준호가 집으로 도망간 건 알아?! 지금 준호 어머니한테 전화 왔잖아!"

"그게 아니라…."

"이게 끝까지… 네가 뭘 잘했다고 계속 준호 핑계야!! 이런 일이 도대체 몇 번째니? 선생님이 너한테 몇 번을 말해야 돼? 네가 깡패야?"

"……."

"휴…. 지금 수업 들어가야 하니 이따 끝나고 이야기하자. 끝나고 남아!"

하지만 방과 후 경석이의 얼굴을 볼 수 없었습니다. 그 다음 날도, 그 다음 날도 경석이는 사흘째 학교에 나오지 않았습니다. 준호는 진작 돌아왔지만 경석이는 휴대폰까지 먹통이었습니다. 가정환경조사서에는 아버지 전화번호만 적혀 있었는데 수많은 부재중 통화와 문자에도 답은 없었습니다. 반 아이들에게 물어도 경석이의 행방은 오리무중이었습니다. 오선생님의 머릿속은 걱정으로 가득 찼습니다. 혹시 큰 사고가 난 건 아닌지, 혹시의 혹시 자살 시도라도 한 건 아닌지 무서웠습니다. 결국 오선생님은 가정환경조사서를 들고 교직 생활 처음으로 가정방문을 나섰습니다.

"여보세요. 계세요…."

"누구요?"

3층짜리 다세대 주택의 가장 아래, 지상과 지하에 반씩 걸쳐진 조그만 문이 열리며 마치 새우처럼 허리가 굽은 할머니가 나오셨습니다.

"안녕하세요…. 저, 경석이 담임입니다. 여기가 경석이네 맞나요?"

"아이구… 경석이 선상님이구나…. 어서 들어와요. 들어와."

들어가 보니 좁디좁은 공간에 마루 겸 부엌 하나, 건넌방 하나로 이루어진 집이었습니다. 이곳에서 부모님, 할머니, 경석이 4명이 산다니 믿기 힘들었습니다.

"저… 경석이 할머님 맞으시죠? 혹시 부모님은 언제쯤 오시나요? 연락이 안 돼서요."

"경석이 애미? 애미는 집 나간 지 오래됐써요."

"네?"

"애비도 얼굴 보기 힘들어요."

"조금 더 자세히 말씀해주시겠어요?"

"아이고…. 선상님 글씨 내 말 좀 들어보오…."

이어지는 할머니의 말씀은 오계숙 선생님의 마음을 한없이 무겁게 만들었습니다. 경석이의 모친은 집을 나간 지 오래였습니다. 아버지 역시 다른 여자와 살림을 차려 다른 집에 살면서 경석이가 사는 집은 한 달에 한 번쯤 들러 돈만 주고 간다고 하였습니다. 그마저도 경석이가 집에 없을 때는 아들의 얼굴도 안 보고 간다고 말씀하셨습니다.

"옵쓸 애미, 애비 만난 경석이가 을매나 불쌍한지 몰라…. 그래도 이렇커정 집까지 찾아와 걱증해주는 좋은 선상님이 있으니 내가 고맙네…. 고마와……."

오계숙 선생님은 마음 한구석이 무너져 내리는 것 같았습니다.

머리에서 가슴까지의 여행

'인생에서 가장 먼 여행은
머리에서 가슴까지의 여행이다.'

존경해 마지않는 고(故) 신영복 선생님의 저서 《처음처럼》에 실린 격언입니다. 오선생님은 경석이 부모님과 연락이 안 닿는 점, 가정 통신문의 회신이 오지 않는 점, 엄마의 전화번호가 없는 점, 깨끗하지 못한 옷차림 등으로 경석이의 가정환경이 불우함을 머리로는 충분히 예상했습니다. 또한 경석이의 문제행동들도 불우한 가정환경에 기인한 것임을 알고 있었죠. 때문에 경석이에게 되도록 짜증을 내지 않고 너그럽게 대하려 나름 노력해왔습니다. 하지만 밥 먹듯 문제를 일으키는 경석이를 보면 그런 생각은 어느새 날아가 버리고 짜증이 치솟았습니다. 이처럼 머리로 아는 것과 마음이 움직이는 것 사이에는 큰 강이 놓여 있습니다. 이 강을 넘기 위해서는 다리가 필요합니다. 그 다리의 역할을 하는 것이 바로 '감정적 체험'입니다.

가정방문 이후 오계숙 선생님의 태도는 진실로 변할 수 있었습니다. 감정적 체험이 있었기 때문입니다. 저도 마찬가지였습니다. 매일 지각하고, 수업시간에 잠만 자고, 주먹을 휘두르는 건 예사고, 담배까지 피우는 탈북가정의 충영이란 전학생을 만난 적이 있습니다. 어머니는 중국에 있었고 아버지하고만 한국으로 들어왔는데 도저히 아버지와 연락이 되지 않았습니다. 아이는 말을 안 듣고 부모는 연락도 안 되고 화가 치밀었습니다. 그래서 교내 사회복지사와 상의해 가정방문을 결정했습니다. '도대체 어떻게 살기에 아이는 이렇게 개판인데 연락도 안 되는지 한번 가보자.' 하는 마음이었습니다.

충영이집 문을 열어보고는 저는 깜짝 놀랐습니다. 널려 있는 이불, 냉장고, 천 옷장만으로도 발 디딜 틈이 없는 좁디좁은 방 한 칸이 있었습니다. 책상, 의자, 책꽂이는커녕 아이가 책을 펼 공간조차 없었습니다. 청소는 언제 했는지 먼지뭉치가 굴러다니고 있었습니다.

"선생님, 여기 사탕 드세요."

충영이 나름의 손님 대접이었습니다. 쑥스런 표정으로 내미는 쟁반 위에 어디서 샀는지 상표도 안 붙은 사탕, 젤리가 한 주먹 놓여 있었습니다. 저는 더 이상 말을 이을 수 없었습니다. 그리고 이어진 이야기들은 더욱 제 가슴을 후벼 팠습니다.

"아빠는 새벽에 들어와서 잠들어 오후에 나가세요. 그래서 얼굴 보기 힘들어요. 밥은 해놓으시고 가셔서 냉장고에 반찬을 꺼내 먹고요."

"가끔 여자를 데리고 오는데 그럼 제가 나가 있어야 돼요."

"다시 중국으로 가고 싶어요. 엄마한테 돌아가고 싶어요…. 근데… 근데…."

"?"

"엄마가 오지 말래요. 전화로 다시 돌아가고 싶다고 계속 얘기했는데… 자기도 힘들다고 오면 안 된다고 했어요."

충영이를 안아주는 것 외에는 아무것도 할 수 없었습니다.

다음 날 저는 학교에서 남는 책상, 의자, 책꽂이를 찾아 충영이 집으로 옮겨 주었습니다. 그 후로는 충영이가 아무리 사고를 쳐도 짜증이나 화를 내지 않았습니다. 아니 낼 수 없었습니다. 그리고 틈날 때마다 충영이를 안아주려고 노력했습니다. 제 머리가 아닌 가슴이 움직였기 때문일 것입니다. 충영이를 만난 후 제 학급경영에는 변화가 있었습니다. 1년에 적어도 1번씩 학생 모두와 개인 상담을 합니다. 개인 상담의 가장 큰 주제는 가정환경입니다. 아무도 없는 차분한 분위기에서 여러 가지 질문을 던집니다.

"부모님을 동물에 비유해보면 무슨 동물일까?"

"왜 그렇게 생각했니?"

"어떤 일로 부모님에게 많이 혼나니? 어떻게 혼나?"

"하루에 부모님과 몇 분간 이야기하니?"

이러한 질문으로 학생의 가정환경을 엿봅니다. 무척 힘들고 지루한 과정이지만 한 학급에서 적게는 1,2명 많을 때는 5명 정도 가슴을 움직이는 이야기를 들을 수 있습니다.

"저희 아빠는 맨날 우리를 때려요."

"우리 엄마는 절 칭찬해준 적이 한 번도 없어요."

"태어나서 한 번도 아빠랑 놀아본 적이 없어요. 아빠는 잠만 자요."

이 학생들의 공통점은 제 골치를 아프게 만드는 아이들이라는 점입니다. 그리고 만약 배경을 몰랐다면 치도곤을 쳤을 아이들이지요. 하지만 상담 후에는 확실히 아이들에게 덜 짜증내게 됩니다. 그리고 더 많이 칭찬할 거리를 찾게 됩니다.

이해, 교사도 함께 행복해지는 법

———

학생의 개인적인 삶을 알수록 학생을 가슴으로 느낄 수 있습니다. 나아가 학생을 덜 미워하게 됩니다. 그렇기에 저는 후배 교사들에게 학생개별상담, 학부모상담, 가정방문을 적극 권합니다. 그럼에도 불구하고 '나의 사랑이 머리에서 가슴으로 내려오는 데 60년이 걸렸다.'는 고(故) 김수환 추기경님의 말씀처럼 아이들을 덜 미워하는 일은 어려운 길입니다. 하지만 고생할 만한 가치가 있는 길입니다. 아이뿐만 아니라 선생님도 함께 행복해질 수 있는 길이기 때문입니다.

1981년부터 지금까지 매년 전 세계 국가별 행복도를 조사해 발표하는 미국 미시간대 사회연구소가 있습니다.* 미시간대 연구소는 이 조사를 바탕으로 행복을 가져다주는 10가지의 행복요인을 발표하였는데 그중에서 선행과 긍정적인 관계 맺기 두 가지가 포함됩니다. 도움이 필요한 학생에게 사랑을 베푸는 일은 궁극적으로 선생님에게도 행복을 가져다줍니다. 저는 이 사실을 제 품에서 펑펑 우는 충영이에게서 배웠습니다. 6개월도 채 지내지 못하고 다시 중국으로 떠나는 충영이가 이렇게 말할 때 저는 행복을 느꼈습니다.

"중국에 가고 싶어도 선생님이랑 헤어지는 건 싫어요. 선생님 보고 싶어서 어떡해요…."

거대한 아픔을 품고 있는 아이. 분노, 증오로 가득 차 있는 아이. 우리는 성자가 아니기에 이 아이들을 180도 변화시킬 수는 없습니다. 그러나 먼 훗날 아이들은 기억할지도 모릅니다. 그래도 한때 나를 이해하려고 애썼던 선생님이 있었다는 사실을….

학생을 가슴으로 느끼려는 노력은 선생님 자신을 위한 일이기도 합니다. 아이를 덜 미워하는 노력이 선생님 역시 조금 더 행복하게 만들어 줄 것입니다.

---

*미시건 대학의 로널드 잉글하트(Ronald Inglehart) 교수가 주도하였으며 각 나라의 사회, 문화 등을 알아보는데 가장 공신력 있게 인용되는 데이터베이스 중 하나입니다. 삶의 만족도, 행복감 등의 조사항목이 포함되어 있습니다.

학생을 이해하기 위한 유용한 질문들

• 집에 갔을 때 부모님이 계시는 게 좋으니? 없는 게 편하니? 이유는 뭘까?

• 엄마, 아빠를 동물에 비유해볼래? 엄마를 왜 그 동물에 비유했니? 어떤 점이 비슷하니?

• 엄마/아빠와 이야기는 많이 하니? 어떤 이야기를 주로 하니?(공부 제외)

• 엄마에게는/아빠에게는 어떻게 혼나니? 일주일에 몇 번, 어떤 방법으로?

• 최근 부모님과 가장 신나고 즐거웠던 일은 무엇이었니?

• 내일 아침 눈을 떴더니 기적이 일어났어. 네가 원했던 것이 이루어졌어. 너의 집에서는 과연 어떤 변화가 있었을까?

2

선생님도 학교라는 회사의 상처받는 직장인입니다

학교 내 관계에서
나를 힘들게 하는 감정 살펴보기

거절이 힘겨운
선생님의 인정욕구

"심선생님이 믿음직해서 그렇지. 내가 누구한테 이런 부탁을 하겠어…. 난 심선생님을 절대 초임교사로 생각 안 해. 이렇게 유능한 초임이 어디 있어?"

"네. 고맙습니다. 교장선생님."

"아니 내가 더 고맙지. 역시 심선생님이야."

유별나고 힘든 아이가 많아 아무도 지원하지 않은 6학년, 그중에서도 폭탄이라 불리는 학생을 맡아달라고 사정하며 교장선생님께서 하신 말씀입니다. 심민수 선생님은 이제 고작 3년차를 맞이한 초임 초등학교 선생님입니다. 하지만 담당업무의 양은 결코 신규라고 말할 수 없었습니다.

"그리고 심선생, 학교에서 하나뿐인 젊은 남교사이니 스카우트는 계속 할 거지?"

"네. 그럼요. 열심히 하겠습니다."

자신감에 찬 대답과는 반대로 속에서는 한숨이 절로 나왔습니다.

'휴, 내년에도 힘들겠구나. 뭐 어쩔 수 없지. 열심히 해야지.'

그렇게 힘든 6학년을 맡은 후 며칠 뒤의 일이었습니다. 교무실에서 교감선생님이 반가운 목소리로 심선생님을 불렀습니다.

"아이고, 우리 학교의 기둥 심민수 선생 아냐? 요즘 힘들지?"

"아닙니다."

"그런데 심선생, 컴퓨터 잘하나?"

"네? 컴퓨터요? 그냥. 못하지는 않습니다."

"그래? 그럼 심선생이 네이스 좀 맡아줘. 내가 믿을 사람이 심선생밖에 없어서 그래. 대신 내가 많이 도와줄게."

'지금도 업무가 너무 많은데. 이것까지 맡으면 정말 죽을지도 몰라. 이것만은 못한다고 해야지.'

마음속으로 다짐을 하고 대답했습니다.

"저……교감선생님."

"응?"

"그런데요……."

"그런데? 뭐?"

"…음… 그게요……. 하겠습니다. 교감선생님이 부탁하는 건데 해야죠."

"역시 심선생이야. 고마워, 정말."

속마음과 달리 심선생님의 입에서 나온 대답은 'Yes'였습니다. 그렇게 심선생님은 6학년과 스카우트, 네이스 업무를 맡게 되었습니다. 거기에 이미 담당하던 방송부, 학교신문까지 3년 동안 매년 업무는 하나씩 더해져 갔습니다. 업무가 추가된다고 해서 결코 업무가 없어지는 않았습니다. 더구나 학년당 3학급인 소규모 학교인 탓에 학년 일도 심선생님 몫이었습니다. 현장학습, 수학여행, 졸업업무 등 심선생님의 손을 거치지 않는 일이 없었습니다.

"아이고, 심선생, 힘들어서 어떻게… 정말 대단해. 학교의 기둥이야."

"심선생님. 혼자서 너무 많이 짊어지는 거 아냐? 괜찮아?"

주변에서 걱정과 칭찬들이 쏟아졌습니다. 심선생님은 기뻤습니다.

"아니에요. 선생님들이 더 힘드시죠. 전 괜찮아요."

심선생님은 오히려 다른 선생님들을 걱정해주었습니다. 칭찬을 들으면 기쁘기도 했지만 몸 둘 바를 모르겠고, 민망한 기분이 들었기 때문입니다. 하루는 동학년의 원로 선생님이신 조선생님께서 지나가는 소리로 말씀하셨습니다.

"아이고, 네이스는 정말 어려워 못해먹겠어. 창의적 체험활동은 도대체 왜 이렇게 입력할 게 많아? 그리고 뭐 이리 복잡해?"

심선생님에게는 조선생님의 투정이 꼭 집어서 자기 들으라는 소리로 느껴졌습니다. 심선생님은 불편했고 또 불안했습니다. 결국 10초를 못 참고 심선생님이 대답합니다.

"조선생님, 그거 제가 해드릴게요. 걱정 마세요."

"진짜? 심선생 바쁘잖아. 괜찮겠어?"

"뭘요. 금방해요."

"정말? 그럼 부탁할게. 고마워."

학교신문을 편집하고, 주말에 있을 스카우트 행사를 기안하고, 인증서를 받아 조선생님의 네이스에 창의 체험활동을 입력하다 보니 어느새 밖은 깜깜해져 있었습니다. 시계는 밤 9시를 지나는 중이었습니다. 학교를 비추던 마지막 등불을 끄고 교문을 나서며 심선생님은 다짐했습니다.

'내년에는 절대, 절대로 못한다고 해야지. 이러다 죽겠다.'

"어이! 심선생."

지친 몸을 버스정류장의 기둥에 기대려는 찰나에 누군가 심선생님의 어깨를 쳤습니다. 깜짝 놀라 뒤돌아보니 학년부장님이었습니다.

"부장님? 아직 집에 안 가셨어요?"

"아. 나야 근처에서 저녁약속이 있었지. 심선생도 약속 있었나?"

"아니⋯ 그게⋯ 네⋯."

자신이 얼마나 힘든지 설명할까도 싶었지만 괜히 티를 내는 것 같아 꾹 참고 대답했습니다.

"네⋯."

"아, 맞다. 심선생 있잖아, 두 달 뒤에 수학여행 가는 거 알지?"

"네."

"그거 일정 다 정하고, 계약도 다 끝냈거든."

불길한 예감이 머리를 스쳤습니다.

"이제 계획서만 정리하면 되는데 심선생님이 좀 해줄래? 내가 요즘 학폭위 건 때문에 정신이 없어. 3반의 재국이 알지? 그 몹쓸 녀석. 그래서 심선생이 좀 도와줘라."

심선생님은 자신이 얼마나 힘든지, 고생하는지를 몰라주는 부장님이 야속했습니다. 서럽고 화도 났습니다. 정말 너무하신다고, 이번만은 못하겠다고 소리치고 싶었습니다. 북받치는 감정을 안고 드디어 심민수 선생님의 입이 열렸습니다.

"네, 부장님. 제가 도와드려야죠."

인정욕구를 넘어 인정불안까지 가고 있다면

"선생님은 정말 좋은 사람이야. 친절해, 수업을 잘해, 참 머리가 좋아."

이런 칭찬을 싫어하는 사람은 없을 것입니다. 누구나 타인에게 인정받고, 더 나아가 사랑받고 싶은 욕망이 있습니다. 반대로 누구나 미움을 받는 일을 꺼립니다. 우리가 타인의 시선에 목을 매는 원인은 크게 두 가지로 살펴볼 수 있을 것입니다.

첫째, 생물학적 종으로서 인간은 연약한 개체입니다. 만약 혼자의 몸으로 자연에 던져진다면 늑대, 곰, 사자 등 상위 포식자의 손쉬운

먹잇감이 될 것입니다. 반면 집단으로서의 인간은 자연계 최강의 포식자로 군림합니다. 그렇기에 인간은 늘 집단으로 생활합니다. 인간 집단에는 항상 위계와 계급이 존재해왔습니다. 높은 계급을 가질수록 집단 내에서 더 많은 자원과 특권을 누리죠. 이 집단, 계급의 역사가 남들에게 인정받고자 하는 욕구를 유전자 차원에서 새겨놓은 것입니다. 이처럼 인정욕구는 모든 인간의 보편적 소망입니다*. 인정욕구가 없다면 오히려 비정상일 것입니다. 하지만 우리 중에는 심민수 선생님처럼 인정욕구를 넘어서 인정받지 못하면 견디지를 못하는 인정불안을 느끼는 선생님이 있습니다. 보편적 인정욕구를 넘어 인정불안을 느낀다면 인정욕구의 두 번째 원인을 자세히 살펴볼 필요가 있습니다.

인정욕구의 두 번째 원인은 개인적인 경험에 기인합니다. 특히 인생초기 경험이 인정욕구의 강도를 결정합니다. 인간은 누구나 연약한 존재로 태어납니다. 생존을 위한 음식섭취, 체온유지, 배변 그 무엇도 혼자 처리하지 못하며 타인의 보살핌에 절대적으로 기대야 합니다. 양육자는 유아에게 신과 같은 존재입니다. 양육자에게 사랑,

---

*심지어 원숭이, 개, 기린 등 집단생활을 하는 대부분의 동물들도 인정욕구를 가지고 있습니다. 확대 해석하자면 인정욕구는 고등생물의 보편적 욕구라고 할 수 있습니다.

관심, 인정을 갈구하는 건 당연한 일입니다. 이러한 생애 초기 양육자와의 관계가 전 생애 동안 타인과의 관계에 미치는 영향을 심도 있게 탐구한 이론이 있습니다. 현대정신분석학의 한 분파인 이 이론을 대상관계이론(object relations theory)*이라 부릅니다.

나는 왜 항상 이런 관계만 되풀이하는 걸까?

대상관계란 개인과 중요한 타인 혹은 애정대상(love object)과의 관계를 뜻합니다. 대상관계이론은 중요한 타인과의 관계패턴을 다루는 이론입니다. 대상관계이론에 따르면 어릴 적 양육자와 관계는 자기표상(representation)**, 타인표상, 타인과의 관계에 대한 표상에 영향을 미칩니다. 어린 시절에 만들어진 표상은 내재화되어 마음속에 자리 잡게 됩니다. 문제는 이 표상이 평생을 따라다닌다는 사실입니다. 예를 들어 심민수 선생님의 엄마는 어렸을 적에 인정과 칭찬에 인색했습니다. 심선생님이 95점을 받아도 틀린 5점 때문에 비

---

*프로이트의 정신분석의 기본적 주장을 수용하며 발전된 현대정신분석이론의 하나로, 대표적인 학자로는 멜라니 클라인(Melanie Klein), 도널드 위니컷(Donald Winnicott) 등이 있습니다.
**표상이란 철학, 심리학 용어로 어떤 대상(생물, 물건, 사람, 인간관계 등)이 개인의 의식상에 나타나는 심상(이미지)을 뜻합니다. 과거의 지각, 기억, 혹은 주관적 요소가 개입된 상상, 공상이 표상에 영향을 미칩니다.

난하는 분이셨습니다. 또한 심선생님에게는 6살 차이가 나는 동생이 있었습니다. 엄마는 직장에 다닌 탓에 동생을 돌보는 건 심선생님의 몫이었습니다. 동생이 실수하면 혼나는 사람은 심선생님이었습니다. 그런 상황에서도 심선생님은 엄마의 인정을 받기 위해 무던히 노력했습니다. '고생했네. 애썼네.' 같은 냉담한 칭찬이었지만 엄마에게 가뭄에 콩 나듯 인정받기도 했습니다. 심선생님은 그런 인정이라도 받으려 더 열심히 공부했고, 틈나는 대로 동생의 공부도, 학교 준비물도 챙겨줬습니다. 특히 엄마가 집에 있을 때는 엄마의 눈에 들기 위해 더 열심히 동생을 돌보고 엄마를 도왔습니다. 그럼에도 불구하고 "방 꼴이 이게 뭐니? 너는 공부를 하는 거니, 마는 거니? 네가 형인데 동생을 챙겨야지?" 같이 질책을 받을 때가 훨씬 많았습니다. "싫어요. 안 해요." 같은 말은 꿈도 꾸지 못했습니다. 이 생애 초기 경험은 심선생님의 마음속에 다음과 같은 표상을 만들었습니다.

> **자기표상** 나는 '노력해도 인정 못 받는 사람',
>
> **타인표상** 엄마는 '나의 잘못을 비난하는 사람',
>
> **관계표상** 자신−엄마와의 관계는 '인정받기 위해서는 내가 희생해야 한다.'

대상관계이론은 이 패턴이 나−양육자와의 관계에 그치지 않고,

그 후 접하는 모든 인간관계에서 되풀이된다고 주장합니다. 나-엄마와의 관계가 상대만 바뀌어 일생 동안 반복되어 재현된다는 의미입니다.

심민수 선생님은 무의식적으로 동료교사와의 관계를 엄마와의 관계와 동일시합니다. '내가 희생해야만 날 인정해줄 거야.'라는 착각은 직장동료뿐 아니라 친구, 연인, 부부 관계를 통해서 반복됩니다. 때로는 이 착각을 스스로 강요하기도 합니다. 누군가 자신을 칭찬, 인정해줘도 '아니야. 내가 잘했을 리 없어. 이 정도로 칭찬받아서는 안 돼.'라며 칭찬을 있는 그대로 수용하지 못합니다. 의례적인 겸손이 아니라 진정으로 '별것 아니니 칭찬할 것 없다.'라고 스스로 깎아내립니다. 이런 경향이 심할 경우, 자신을 칭찬하는 사람에게는 어색함, 불편함을 느끼고, 자신을 비난하고 엄하게 대하는 사람에게 안정감을 느낍니다. 그리고 전자보다 후자의 사람과 더 친밀한 관계를 맺기도 합니다.

인정욕구로부터 자유로워지는 길

방법 1.

인정욕구는 결국 거대한 착각일 수 있습니다. 내 앞에 있는 사람을 엄마(주양육자)로 착각하는 것입니다. 이 사람도 엄마처럼 나를 인정하지 않을 거라고, 그리고 날 비난할 거라고 생각합니다. 인정 욕구로부터 자유로워지는 첫 번째 방법은 내가 착각하고 있다는 사실을 깨닫는 일입니다. 내 안에 엄마의 그림자가 남아 있으며, 날 휘두르고 있다는 사실을 알아야 합니다.

방법 2

하지만 인정욕구는 생존본능과 연관되어 있기 때문에 무의식적이고 매우 강력합니다. 막연히 '내가 착각하고 있구나.' 생각하는 것만으로는 변화하기 힘듭니다. 나의 착각을 구체화시키는 일이 필요합니다. 여기서 구체화란 말이나 글로 되도록 상세하게 표현하는 일을 뜻합니다. 불안이 느껴질 때 '난 원래 소심해서 그래, 이렇게 생겨먹었어.'와 같이 지나가려 하지 말고 불안 감정에 머물러 그 정체에 대해 곰곰이 곱씹어볼 필요가 있습니다.

학년부장님께 수학여행 계획서를 요구받았을 때 심선생님에게 불안이 덮쳐옵니다. 심선생님은 왜 그렇게 자신이 불안했을지 깊이 돌이켜 생각해보았습니다. 그 결과 '남의 요구를 모두 맞춰줘야 하며 그렇게 해야 인정받는다. 그렇지 못하면 미움받고 비난받아.'라는 생각을 찾아낼 수 있었습니다. 이 생각은 누가 봐도 불합리적입니다. 인정욕구 안에는 막상 꺼내보면 황당하기 그지없는 역기능적 생각들이 자리 잡고 있습니다. 하지만 불안이 덮쳐올 때는 그 생각이 말도 안 된다는 것을 알아채지 못합니다. 이 생각들을 꺼내 구체화, 언어화시키고 나서야 그 생각들이 비합리적이란 걸 깨닫게 됩니다.

한 발 더 나아가 역기능적 생각을 따르지 않았을 때 벌어질 상황을 예상해볼 수도 있습니다.

'만약 내가 부장님의 부탁을 거절했다면 어떤 일이 벌어질까?'

'부장님은 자신을 도와주지 않는 배은망덕한 사람이라고 생각했을까? 아니면 내 상황을 이해해줬을까?'

이렇게 역기능적 생각을 구체화하고 앞으로의 일을 예상해본다면 선생님의 인정불안은 줄어들 수 있습니다. 더 자세한 과정은 TIP에서 다루겠습니다.

방법 3.

인정불안을 벗어나는 마지막 방법은 실천에 있습니다. 인정불안의 원천이 되는 역기능적 생각들을 인식했다면 남은 것은 실천입니다. 선택의 순간에 스스로를 직접 노출하는 것이 중요합니다. 불안 혹은 공포가 밀려올 때 피하지 않고 숨을 깊게 들이쉬세요. 내 생각은 나만의 착각에 불과하다는 걸 되뇝니다. 그리고 딱 한 발자국 앞으로 나가 보는 겁니다.

"부장님. 정말, 정말, 정말 죄송한데요. 제가 요즘 너무 힘들어서요. 오늘도 사실 일하다 지금에야 퇴근하는 거예요."

"그랬어? 그래, 심선생이 일이 많지. 오히려 내가 도와줬어야 하는데. 신경 쓰지 마."

'행동하라! 그 자체가 천재성이고, 힘이며, 마력이다.'

위의 격언처럼 백 번의 생각보다 한 번의 행동이 가장 큰 역할을 할 것입니다. 머리로 내 불안의 정체, 원인을 파악한 것만으로도 불안을 진정시키는 효과가 있습니다. 하지만 실제 행동으로 옮겨본 후 얻는 효과에 비할 수는 없습니다. 나를 극복하는 도약의 순간을 꾸준히 반복하다 보면 '나를 비난할 거야. 미워할 거야.' 같이 나를 괴롭히던 추측들이 대부분 실체 없는 공상임을 체험할 것입니다.

나를 괴롭히는 생각에서 벗어나는 방법

앞에서 소개해드린 선생님을 괴롭히는 생각들을 꺼내 구체화, 언어화 시키고 합리적 해석으로 변화시키는 방법은 '인지치료(Cognitive therapy)'의 핵심기법입니다. 인지치료란 미국의 정신의학자 아론 벡(Aaron T. Beck)이 수립한 정신치료이론으로, 우울증, 불안장애 등 신경증적 정신질환에 가장 널리 사용되는 치료기법 중 하나입니다. 벡은 우울, 불안, 공포가 자신을 덮쳐올 때는 그 이면에 반드시 역기능적이고 자동적인 사고들이 숨어 있다고 말합니다. 이것을 극복하기 위해 불안이 느껴질 때 자신의 역기능적 사고들을 아래와 같이 언어화 시켜 점검해볼 것을 권했습니다. 나도 모르게 나를 괴롭히는 생각들이 있다면 한 번 시도해보기를 추천해드립니다.

역기능적 생각을 살펴보기*

사 건	감정 (점수)	역기능적 생각	가능한 다른 해석 (합리적 반응)	결과 (점수)
부장님이 수학여행 계획서를 부탁함	불안함 (60)	만약 부탁을 거절하면 이제껏 날 좋아해주시던 부장님도 날 싫어하게 될 것이다.	지금 내가 하는 일은 충분히 많다. 하나쯤 거절한다 해도 날 싫어하지 않을 것이다.	불안함 (20) 용기 (40)

내가 부장님의 부탁을 거절한다면	불안함 (80)	부장님은 날 버릇없다고, 배신자라고 비난할 것이다.	부장님은 남들을 잘 챙겨주는 자상한 분이시다. 잘 설명하면 이해해줄 것이다.	불안함 (30) 용기 (50)
최근에 결혼했으나 결혼식에 가지 못한 친구에게 전화가 옴	죄의식, 미안함 (70)	친구가 나를 원망하고 있음이 틀림없다.	나에겐 못 빠질 선약이 있었다. 그리고 친구가 정말 화가 났다면 전화조차 하지 않았을 것이다.	죄의식, 미안함 (20) 고마움 (50)

*참고도서 《우울증의 인지치료》, Aaron T. Beck, 번역 원호택 외, 학지사, 2001

나는 왜 이리
못난 걸까?

열 / 등 / 감

"1851년부터 64년까지 홍수전을 주도로 한 태평천국운동은 중국 역사상 최대 규모의 농민반란입니다. 이 농민들은 토지를 균등하게 분배할 것을 주장했어요. 그리고 또 뭘 주장했죠?"

"……."

아무도 대답하지 않았습니다. 일반고 세계사 양효주 선생님은 이번 수업을 나름 열심히 준비했지만 수업을 듣는 학생은 반 정도였습니다. 양효주 선생님 눈앞에 앉아 있는 아이들 반 이상이 엎드려 잠을 자고 있었습니다. '이번에는 완벽한 수업이 될 거야.'라고 생각했던 자신이 한심스러웠습니다. '이것들을 다 촉쳐 깨울까?'라는 생각도 잠시 '하나, 둘, 셋, 넷… 대충 10명은 되겠네…. 이걸 언제 다 깨워.'라고 생각을 고쳐먹고 계속 진행하기로 마음먹었습니다. 단 몇 명이라도 집중하는 학생들을 위해서였습니다.

"태평천국운동이 남녀가 어떻다고 주장했었지?"

누구든 남녀평등이라고 대답 좀 해줘라…라고 생각하던 찰나, 저 뒤에서 한 학생이 손을 번쩍 들었습니다. 너무 반가운 마음에 쳐다본 순간 학생의 손에 뭔가 들려 있는 것이 보였습니다.

"선생님, 저 양치하고 오겠습니다."

그리고는 학생은 저벅저벅 문으로 걸어 나갔습니다.

"너… 자리에 앉아…."

"네?"

"자리에 앉으라고 했지? 그리고 자는 녀석들 다 일어나!!"

학생들은 고개를 드는 둥 마는 둥 했습니다.

"지금 내 수업시간에 뭐하는 짓이야? 수업이 장난인 줄 알아?!!!!!"

. . .

"양쌤, 얼굴이 별로네…. 아 이번 수업 이과반이었지…. 쯧쯧… 말 안 해도 알만 하구만…."

"휴……."

"그러게. 양샘, 내 과목도 마찬가지야. 한 반쯤 듣나? 나머지는 잠만 자는 걸. 이과는 사회과목들을 아예 뺐으면 좋겠어….."

한참 선배이신 김선생님이 위로의 말을 건넸습니다.

"그러게요."

"그리고 보면 말이야 전민영쌤이 참 대단해. 이과 애들도 전쌤 수업에는 눈이 반짝반짝한다며?"

"……네…. 그렇다네요….."

전선생님의 이름이 나오자 양선생님의 가슴이 떨렸습니다. 전민영 선생님은 양효주 선생님보다 한 살 어린 동학년, 동교과 교사입니다. 재밌는 수업으로 아이들한테 인기도 최고이며 쾌활한 성격으로 선생님들도 모두 좋아합니다.

"아, 마침 오는구먼! 전선생, 그렇지 않아도 쌤 얘기를 하고 있었는데."

"제 욕하고 계셨다고요?"

전선생님은 쌩글쌩글 웃는 표정으로 자연스레 농담을 던졌습니다.

"하하. 아니. 아니. 쌤 칭찬하고 있었지. 쌤 세계사 수업은 이과 애들도 안 졸고 듣는다며?"

"아니에요. 1/3은 졸고, 수학문제집 풀고 똑같아요."

"그럼 2/3는 수업을 듣는다는 얘기네? 그것만 해도 대단한 거지. 여기 양쌤 지금 좌절모드야. 비법 좀 풀어봐.

"음… 이건 비밀인데요…. 사실… 제가 좀 예뻐서 그런 것 같아요."

"하하하하."

잘난 척으로 들릴 수 있지만 오히려 듣는 상대방을 웃음 짓게 만드는 마법 같은 힘이 전선생님에게 있었습니다. 차라리 잘난 척으로 들렸으면 양선생님의 기분이 이렇게 나쁘지는 않았을 겁니다.

"무슨 재주인지 수업을 한번 들어보고 싶다니까. 거기다 정보부장도 맡고 있잖아? 업무도 척척, 수업도 척척 정말 대단해. 전쌤, 양선생님한테도 비결 좀 공유해."

가장 듣기 싫은 말을 들어버렸습니다. 그 순간 양선생님은 당장 자리를 뜨고 싶었지만 그럴 수는 없었습니다. 그건 더 자존심이 상하는 일이니까요. 양선생님은 태연한 척 웃으며 대답했습니다.

"네. 저도 좀 알려주세요."

"에이…. 그런 것 없다니까요. 양선배가 저보다 훨씬 잘하시는 걸요."

'거짓말, 그렇게 생각 안 하면서.'

"어, 밥 먹을 시간이네. 그럼 우리 밥 먹으며 계속 얘기하지. 갑시다."

"…저… 전 오늘 점심 거를게요. 어제부터 속이 좋지 않아서요."

"그래? 양쌤 조금이라도 먹어야 하지 않겠어?"

"아뇨. 두 분끼리 가세요."

속이 안 좋다는 말은 물론 거짓이었습니다. 김선생님, 전선생님의 뒷모습을 보며 힘이 쭉 빠지는 게 느껴졌습니다.

'이번엔 전민영의 콧대를 눌러주고 싶었는데. 나는 왜 이 모양일까. 나도 저렇게 칭찬받고 싶은데……. 난 정말 해봤자 안 되는 인간인가 봐…. 차라

리 노력도 하지 말걸⋯. 창피해. 죽고 싶다⋯.'

수업붕괴는 교사의 탓이 아니다
——

대한민국 입시지옥은 국, 영, 수를 제외한 모든 과목에 수업붕괴
를 선사해주었습니다. 학생들은 자신이 선택하지 않은 수능 혹은 내
신 과목을 '필요 없는 수업'으로 여깁니다. 여기에 더해 자사고 설립,
특목고 확대는 이 같은 현상을 더욱 심화시켰습니다. 엘리트 교육이
라는 말로 학생들을 갈라놓았습니다. 저편에 들어가지 못한 학생들
은 공부를 좌절하고 포기하게 만들었습니다. 학생들은 교단에 선 교
사를 마치 존재하지 않는 사람처럼 대합니다. 이 학생들을 바라보며
선생님은 '나는 뭐하는 사람인가? 난 지금 무엇을 하는 것인가?' 같
은 깊은 자괴감과 무가치함을 느낍니다. 한 시간, 한 시간 교실로 들
어서며 상처가 난 자리에 다시 생채기가 겹쳐납니다. 아무리 열정적
인 선생님도 결국 지치고 포기하게 됩니다.

이 상황은 결코 선생님의 잘못이 아닙니다. 전국적으로 벌어지고
있는 교실붕괴 현상에 대해 일차적인 책임은 대한민국 사회에 있습
니다. 금수저로 상징되는 부의 양극화, 노숙자, 폐지 줍는 할머니로
대변되는 사회적 약자에 대해 보호 장치를 마련 못한 정부, 각자 알
아서 살아남아야 하며 낙오자는 무능력자로 매도하는 사회 분위기,

일부 기업의 이익은 천정부지로 솟아올라도 오히려 높아지는 실업률 등이 학부모와 학생들로 하여금 더욱 고학력에 집착하게 만들었습니다.

이제는 개천에서 용 나기 위함이 아니라 그나마 개천에서 쫓겨나지 않기 위한 발버둥이 공부가 됐습니다. 생존을 위한 몸부림은 더 뜨거운 입시지옥을 만들었고 그 안에서 학생, 학부모는 물론 교사도 피해자입니다. 결국 입시지옥을 해결하기 위해서는 교육제도를 손보기에 앞서 사회구조를 바꿔야 합니다. 고학력이 아니라도 원활히 취업하며 적정한 급여, 노동시간을 보장받고, 불법적인 해고를 당할까 걱정하지 않도록 노동자의 전반적인 권리향상이 선행돼야 합니다. 즉 학력에 상관없이 어떤 직업을 가져도 설혹 무직자라도 최소한의 인간다운 삶을 누릴 수 있는 사회적 안전망이 갖춰질 때 입시지옥은 사라질 것입니다. 결국 정부 차원에서 더불어 사는 사회를 향해 조금씩 정치 · 사회 · 경제구조를 변화시켜야 교육문제의 근본적인 해결이 가능합니다.

자책감과 자학은 어쩌다 교사의 몫이 되었을까?

지금의 수업붕괴 현상은 교사의 '노오력'만으론 해결될 수 없습니다. 작금의 현실에서 교사는 문제를 해결해야 할 입장이 아니라 오히려 위로받고 보상받아야 할 피해자입니다. 그럼에도 불구하고 양 효주 선생님처럼 자신을 자책하는 분들이 있습니다. 적절한 자책감 은 건강합니다. 하지만 과도한 자책감은 자학이 될 수 있습니다. 이 둘 사이를 구분해주는 것이 바로 현실인식입니다.

양선생님처럼 아무리 노력을 해도 외면받을 수밖에 없는 현실에 서 '내가 노력이 부족해서 그래. 내가 능력이 부족했어.'라고 되뇐다 면 이것은 건강한 자책감이 아닌 자학입니다. 건강한 자책은 반성을 통해 선생님의 변화와 발전을 이끄는 반면, 자학은 아무것도 변화시 키지 못합니다. 오히려 선생님의 심리적 에너지를 빼앗아 지쳐 주저 앉게 만들고 때로는 주변 사람까지 힘들게 합니다. 아무 도움도 안 되면서 선생님을 힘들게만 하는 자학에 반복해서 매몰되는 이유는 무엇일까요? 과도한 자학을 보이는 선생님들의 마음을 한 꺼풀만 벗 겨보면 거기에는 열등감이라는 심리적 기제가 숨어 있습니다.

열등감과 아들러 심리학 살펴보기

열등감을 살펴보기 위해서는 열등감의 최고 전문가 알프레드 아 들러(Alfred Adler)를 주목할 필요가 있습니다. 아들러는 "인간이 된 다는 것은 자신이 열등하다고 느끼는 것이다."라고 말했을 만큼 열 등감과 그 극복방법에 천착한 심리학자입니다. 이렇게 된 데에는 아들러의 생애 초기 경험이 큰 영향을 미쳤습니다.

아들러는 골연화증으로 4살까지 걷지 못했으며 5살 때는 폐렴에 걸려 죽을 수 있다는 진단도 받았습니다. 공부를 못해서 선생님이 학교를 그만두고 구두수선 수련을 받으라는 권유도 받았습니다. 또한 아들러는 많은 형제들(4남 2녀) 속에서 부모의 사랑을 충분히 받지 못했다고 스스로 고백했습니다*. 아들러는 열등감을 동력으로 심리학을 시작해 그만의 독창적인 이론인 개인심리학(Individual Psychology)을 창시한 열등감의 최고 전문가입니다.

아들러에 따르면 인간은 연약한 유아기에 항상 자기보다 크고 강한 사람들에게 둘러싸여 '나는 못났다'는 열등감을 키운다고 합니다. 또한 부모의 사랑을 쟁취하기 위한 형제간 경쟁도 열등감을 증폭시킨다고 했습니다. 그러므로 열등감은 인간이라면 누구나 갖는 보편적 경험입니다.

하지만 지나친 열등감에 사로잡혀 고통스럽다면 열등감 콤플렉스(inferiority complex)**에 빠졌다고 할 수 있습니다. 열등감 콤플렉스

---

*참고도서 《현대심리치료와 상담이론》 권석만, 2012, 학지사
**아들러는 열등감 콤플렉스의 근본적 원인으로 기관열등감(외모, 건강 등 신체열등감)과 부모의 과잉보호(자녀의 능력을 믿지 않음), 부모의 양육태만(아이에게 넌 필요 없는 존재라는 믿음을 줌) 3가지를 지목합니다.

에 빠진 사람은 불행합니다. 타인과 자신을 끊임없이 비교하며, 다음날 걱정에 잠을 못 이루기도 합니다. 양선생님처럼 열등감에 압도되면 무기력에 빠지기도 하죠. 이런 열등감 콤플렉스 속에는 '무능력함에 대한 두려움'이 숨어 있다고 아들러는 말합니다. 무능력한 모습을 보이는 것이 너무 두려워 남과 비교하고, 걱정하고, 차라리 아무것도 노력하지 않으면 비교당할 일도 없다는 생각에 무기력 속으로 걸어 들어갑니다.

모든 면에서 완벽할 수 없는 건 당연한데도 무능력함을 드러내는 것을 극도로 두려워하는 사람들이 있습니다. 이 두려움의 정체는 무엇일까요? 이 질문에 아들러가 던지는 답은 의미심장합니다.

"그에 대한 대답은 오직 하나다.
각자가 너무 높은 성공의 목표를 정했기 때문이다."

이 단 한 문장 속에는 우리 안의 열등감의 정체와 극복방법이 모두 담겨 있습니다.

너무 높은 목표를 추구하다 보면

———

만약 내 안의 열등감이 무겁게 날 짓누르고 있다면 먼저 자신의 목표를 살펴볼 필요가 있습니다. 현실적으로 가능한 목표들이 있습니다. 하지만 노력만으로 안 되는 일도 있기 마련입니다. 한국 입시 제도의 한계를 뛰어넘는 일, 완벽한 수업의 추구, 모든 동료교사에게 인정받는 일은 불가능합니다. 불가능한 목표를 설정한 후 이를 달성하지 못했다고 자신을 자책하는 일은 자기학대입니다. 과감하게 포기하고 현실적인 목표로 재수정해야 합니다.

사실 목표의 현실성을 수정하는 일보다 선행되어야 할 것이 있습니다. 왜 실현 불가능한 목표가 마음속에 들어왔는지 살펴보는 일입니다. 이 진짜 이유를 모른다면 우리는 어느새 양선생님처럼 불가능한 목표를 세워 스스로를 괴롭히고 있을지 모릅니다. 양효주 선생님이 완벽한 수업을 꿈꾼 진짜 이유는 학생의 성장이나 교육적 이상 때문은 아니었습니다. 가장 큰 이유는 바로 '전민영 선생님을 이기고 싶다.'는 마음이었습니다. 즉 우월감을 느끼고 싶어 불가능한 목표를 세웠던 것입니다.

타인이란 목표의 그림자

———

앞서 말씀드렸듯이 열등감은 성장과정에서 주변 연장자 혹은 형제들과의 비교를 통해 만들어집니다. 나를 압도하는 오빠의 힘, 언니의 지적능력 등이 열등감의 대상이 될 수 있습니다. 이런 능력에 대한 열등감은 자연스러운 열등감이며 성장하면서 혹은 노력 여하에 따라 극복할 수 있는 문제입니다. 하지만 아동기의 열등감 속에는 능력보다 더 극복하기 힘든 목표가 숨어 있습니다. 이 힘든 목표란 바로 '내가 오빠보다 더 사랑받을 거야.'라는 마음, 즉 인정욕구입니다.

양효주 선생님이 과도하게 괴롭고, 전선생님이 꼴도 보기 싫었던 근본적인 이유가 여기 있습니다. 또한 양선생님의 열등감에 강력한 시기와 질투심이 동반됐던 까닭도 동일합니다. 양선생님의 '나도 저렇게 칭찬받고 싶은데' 혹은 '별것도 아닌데 왜 다들 쟤한테 난리야?'라는 생각 이면에는 '내가 전선생님보다 더 사랑받을 거야.'라는 강력한 유아기적 욕구가 숨어 있었습니다. 양선생님의 무의식 속에서 전민영 선생님은 총량이 정해진 엄마의 사랑(동료의 인정)을 걸고 제로섬 게임(zero-sum game)*을 펼치는 경쟁자(형제)였던 것입니다.

적극적 인정욕구에게 만족스런 결말은 없다

앞 장의 심민수 선생님이 소극적 형태의 인정욕구를 지녔다면 양효주 선생님의 열등감 속엔 적극적 형태의 인정욕구가 숨어 있습니다. 하지만 이 둘은 결코 채워질 수 없는 목표란 점에서 동일합니다. 심민수 선생님이 몸이 부셔져라 아무리 일해도 모두에게 인정받는다는 목표는 이룰 수 없었습니다. 오히려 내가 얼마나 힘든지 몰라준다는 서운함, 억울함만 쌓여갔죠.

양효주 선생님도 마찬가지입니다. 만약 양선생님께서 노력 끝에 완벽한 수업이란 목표를 달성합니다. 주변의 칭찬이 쏟아지죠. 이렇게 하면 양선생님은 잠깐의 우월감을 느낄 수 있을지 모릅니다. 그걸로 양선생님의 열등감 콤플렉스가 극복됐다고 할 수 있을까요? 불행히도 양선생님의 희열, 만족감은 그리 오래가지 못했을 것입니다. 양선생님 곁에는 곧 타인의 찬사를 받는 또 다른 전민영 선생님이 나타날 것이기 때문입니다. 그 대상은 또 다른 동료교사일 수도

---

*제로섬 게임이란 게임에 참가하는 양측 중 승자가 얻는 이득과 패자가 잃는 손실의 총합이 0(zero)이 되는 게임을 가리킵니다. 즉, 내가 10을 얻으면 상대가 10을 잃고, 상대가 10을 얻으면 내가 10을 잃는 게임을 말하죠. 내가 얻는 만큼 상대가 잃고, 상대가 얻는 만큼 내가 잃기 때문에 필연적으로 치열한 대립, 경쟁, 시기, 질투, 미움을 불러일으킵니다.

있고 형제, 시누이, 형님 같은 친척 혹은 가까운 이웃, 친구, 동창 같은 주변인일 수도 있습니다. 심지어 연예인, 재벌 같이 일면식조차 없는 사람도 언제든 전민영 선생님으로 변신할 수 있습니다. 이러한 열등감 콤플렉스의 끝은 비극일 수밖에 없습니다. 조금이라도 키가 더 커 보이려 까치발을 들고 걷다 보면 한동안은 즐거울지 몰라도 언젠가는 지쳐 무너지는 순간이 찾아오기 마련입니다.

열등감을 극복하려면 어떻게 해야 할까?

방법 0.(방법에 앞서 미리 체크해보자.)

선생님을 끝없는 고통에 빠뜨리는 열등감을 극복하기에 앞서, 자신의 열등감 속에 숨은 의도를 점검해봅시다. 내 열등감의 대상이 능력일지, 인정일지 지금 자신에게 질문해보세요. 보통 이 두 가지 목적은 혼재해 있습니다. 내 마음속에 둘 중 어느 쪽이 더 크게 자리 잡고 있는지 그 비율을 곰곰이 고민해보시기 바랍니다.

"내가 바라는 것이 그의 능력 그 자체일까?"   ＿＿＿%

"아니면 능력으로 인해 그가 주위로부터 받는 인정과 관심일까?"

＿＿＿%

만약 열등감의 대상이 대부분 능력이었다면 1번 극복방법은 넘기셔도 좋습니다. 그런데 인정이 내 고통의 직접적 원인임을 직면*했다면 지금부터는 열등감에 대한 탐구는 잠시 접어두고 나의 관계에 주목할 필요가 있습니다.

방법 1. 인정과 관계는 다르다

타인의 인정에 집착하면 '그 사람 좋은 사람이야.'라는 평가를 두루두루 받을 수는 있을지언정 깊은 관계를 맺지는 못합니다. 대부분의 인간관계는 무의식적인 호감에 의해 만들어집니다. 무의식적이기에 서로 친해지는 이유를 꼭 집어 말하기는 힘들죠. 그저 즐거워서, 잘 맞아서, 호감 때문이지 나의 능력, 기능이 미치는 영향은 미미합니다. 만약 내가 잘났기 때문에 접근하는 사람이 있다면 그 의도는 진정한 사랑과 우정을 나누기 위함이 아닐 것입니다.**

내 안의 유아기적 인정욕구를 채워줄 수 있는 것은 능력 인정이

---

*이 대상은 어렸을 적 열등감이나 상처를 준 형제, 또래 혹은 부모(엄마와 가장 가까운 아빠에게 느끼는 열등감)의 관계가 전이된 것일 수도 있습니다. 진짜 상처를 곰곰이 되짚어 자신의 결핍을 깨닫는 일이 열등감 극복에 도움을 줄 수 있습니다.
**나의 능력, 기능에 대한 타인의 관심을 모두 불순한 의도로 볼 순 없습니다. 그 관심은 존경이나 본받고 싶다는 마음에서 비롯된 것일 수도 있기 때문입니다. 하지만 존경도 그 자체로는 친밀한 인간관계를 맺어주지 못하며 따라서 유아, 아동기에 고착된 내 인정욕구도 채울 수 없습니다.

아닌 나 자신을 있는 그대로 사랑해주는 관계입니다. 이를 위해서는 내 생각과 감정을 솔직히 드러내는 일이 가장 중요합니다. 인간관계란 인정이 아닌 서로에 대한 이해를 바탕으로 두터워지기 때문입니다. 서운한 감정을 감춰 상대에게 불신을 안겨주는 것보다 마음을 터놓고 믿음을 주는 것이 진정한 관계를 쌓는 길입니다. "전민영 선생님! 너무 잘해서 질투가 나요. 부러워서 죽겠어요." 같이 솔직하게 열등감을 표현해보세요. 자기 마음에 솔직한 양효주 선생님은 능력의 인정은 못 받아도 대신 주변의 호감과 사랑을 얻을 수 있을 것입니다.

나의 열등감을 솔직히 표현해보기

누구에게?

언제?

어떤 말로?

방법 2. 우월성 추구

선생님이 지닌 열등감의 대상이 상대의 능력에 있다면 그 열등감은 극복대상이 아닌 건강한 감정입니다. 이에 대해 아들러는 이렇게 말합니다.

"개인은 계속해서 열등감으로 채워지며
열등감에 의해 동기화된다."
_아들러

위의 말처럼 아들러는 열등감이 성장을 위한 긍정적 요인이라고 보았습니다. 열등감으로부터 비롯되는 우월성 추구 역시 인간 행동의 기본적인 목적이고 창조적인 삶을 이끌어가는 원동력이며 열등감, 우월성 추구 모두 인간을 한 단계 성장시키는 필수 요인으로 보았습니다.

그렇다면 양선생님이 발전을 위한 성장통을 겪고 있을 뿐이라고 말할 수 있을까요? 저는 아들러가 "아니요."라고 대답할 것이라 확신합니다. 아들러가 이야기한 우월성 추구(striving for superiority)란 타인을 뛰어넘으려는 노력이 아니기 때문입니다. 아들러의 우월성 추구는 타인에게 자극받아 자신의 잠재력을 더 발현하려는 자아실현의 개념*에 가깝습니다. 이에 대해 아들러는 이렇게 말합니다.

"심한 난시를 앓았던 시인 프라이타크는 뛰어난 업적을 남겼다. 사실 시인이나 화가 중에는 시력이 좋지 않았던 경우가 많은데, 나쁜 시력이 시각적인 것에 대한 더 큰 관심으로 이어진 것이다. 프라이타크는 자신에 대해 이렇게 말한 바 있다. '내 시력이 다른 사람들에 비해 떨어졌기 때문에 나의 환상을 적극적으로 활용하도록 훈련할 수밖에 없었던 것 같습니다. 이것이 훌륭한 작가가 되도록 나를 도왔는지는 확신할 수 없습니다. 하지만 어찌 되었건 나는 사람들이 현실에서 보는 것 이상으로 환상 속에서 더 잘 볼 수 있습니다.'"

이렇듯 아들러가 말한 우월성 추구란 열등감을 넘어서려는 노력 끝에 자신의 잠재력을 개발하고 꽃피우는 과정을 의미합니다.

건전한 우월성을 추구하기 위해 할 일은 자신의 목표를 점검하는 것입니다. 만약 나의 목표가 양효주 선생님의 '모두가 인정할 만큼 완벽한 수업기술'처럼 비현실적이라면 과감히 버려야 합니다. 그리고 달성 가능한 목표로 수정해야 합니다. 수업 1교시당 재밌는 영상 자료 1개씩 찾기, 한 달에 한 번 재밌는 농담 개발하기 등, 목표는 실

---

*이에 더해 아들러의 우월성 추구 개념에는 공동체 의식도 포함돼 있습니다. 타인을 꺾고 승리하는 모습이 우월성 추구가 아닙니다. 타인과 타협, 협동하고 사회적 이익을 위해 기여하는 우월성의 추구가 아들러가 생각한 '건강한 삶'입니다.

현가능하고 구체적일 수록 좋습니다. 그래야 성공을 경험할 수 있기 때문입니다. 성공경험은 그 자체로 자신감을 높이고 열등감을 줄여줍니다. 쉽게 성공할 수 있는 작은 목표부터 하나씩 완수하고 그 속에서 성취감을 쌓아간다면 열등감은 점점 줄어들 것입니다.

또한 목표는 내 잠재력 속에서 찾을수록 좋습니다. 예를 들어 책을 좋아한다면 수업에 어울리는 재밌는 이야기 찾기, 유머감각이 있다면 학생들을 웃기는 농담 개발하기 등, 나의 잠재력이 발휘될 수 있는 목표를 만드는 것이 좋습니다.

목표 변화하기

나는 어떤 열등감을 느끼고 있나요? 그리고 그 열등감 속에는 어떤 비현실적 목표가 숨어 있나요? 곰곰이 생각해보고 나의 비현실적 목표를 현실적 목표로 바꿔봅시다.

내 안에 있는 비현실적 목표 (과도한 목표, 타인 기준의 목표)	나의 잠재력	현실적, 구체적인 목표
예) 완벽한 수업하기	예) 역사에 관한 독서	예) 수업 주제와 관련된 흥미로운 이야기

그 누구도 선생님을 좌지우지하거나 타인이 선생님의 존재를 위협하게 방치해서는 안 됩니다. 선생님의 주인은 선생님이며 선생님이 그리는 목표 또한 선생님이여야만 합니다. 그래야만 선생님의 열등감 콤플렉스는 진정으로 사라지게 될 것입니다. 마지막으로 심리치료에 대한 아들러의 생각으로 이번 장을 마치고자 합니다.

'심리치료의 핵심은 증상을 없애는 게 아니라
목표를 바꾸는 것이다.'

내가 아니면 안 돼!
자신감과 잘난 척의 차이

우/월/감/

남들과 달리 교사에게 1년을 마무리하는 달은 12월이 아닌 2월입니다. 마무리의 마무리인 2월 중순 교무실 교육과정부장을 맡고 있는 강성훈 선생님의 짜증 섞인 목소리가 전화기에서 들려왔습니다.

"선생님. 기안 수정해야 합니다. 교무실로 내려와주세요."

몇 분 뒤 윤희수 선생님이 교무실로 내려왔습니다.

"선생님. 벌써 몇 번이나 말했죠. 기안문을 작성하실 때 첫 번째 항목으로 꼭 관련 항목을 넣어야 해요. 이 기안과 관계된 공문이나 학교교육과정을 넣어주셔야 기안문의 근거가 마련되죠. 아시겠어요?"

"네…."

"지금 바로 다시 올려주세요."

"네. 부장님."

"그럼 올라가보세요."

"……네…."

'내가 너무 심했나?'

딱딱하게 굳은 표정으로 교무실을 나서는 윤선생님을 보면서 잠깐 안쓰러운 마음이 들기도 했지만 강선생님은 이내 고개를 저었습니다.

'아니야. 경력 5년에 기안문 하나 못 쓴다는 게 웃긴 거지. 도대체 학교생활을 어떻게 했기에 공문 하나 제대로 못 써. 하여간 내가 하나하나 챙기지 않으면 일이 진행되지를 않는다니까….'

"부장님, 교장선생님께서 부르시네요."

강선생님은 교장실로 향했습니다.

· · ·

강선생님은 어안이 벙벙했습니다. 교장선생님의 말씀이 도대체 무슨 소리인지 이해할 수 없었습니다.

"교장선생님, 다시 한 번 말씀해주시겠어요?"

"그래. 강선생, 올 한 해는 쉬는 게 좋겠어."

'부장을 그만두라니? 도대체 이 학교에서 나보다 유능하고 부지런한 사람이 어디 있다고?'

강선생님은 이해할 수가 없었습니다. 강선생님은 부임 3년차로 첫해부터 계속 부장업무를 맡아왔습니다. 더군다나 작년, 올해는 2년간 진로적성 연구학교를 따내고 계획서, 보고서를 주도한 것도 강선생님이었습니다.

"왜죠? 교장선생님? 제가 얼마나 고생했는지 아시잖아요. 제가 2년짜리 연구학교도 따오고 계획서, 보고서도 제가 다 썼잖아요. 그뿐인가요? 생활부장, 교육과정부장, 힘든 부장만 도맡아 했습니다. 그런데 도대체 이유가 뭔가요?"

"음… 사실 말이지….."

한껏 뜸을 들이고 나서야 교장선생님의 대답이 이어졌습니다.

"강선생, 난 강선생을 좋아하지. 자네가 일을 많이 하는 것 아네. 야근하며 열심히 일하는 것도 알아. 그런데 주변 선생님들이 자네를 좀 부담스러워해. 너무 고압적이라고 말이야. 저번에는 김선생이 사람들 앞에서 자네에게 면박을 받았다고 무척 괴로워했네. 연구학교 업무를 같이 한 부장들도 강부장이 마치 부하직원 다루듯이 한다고 불만이 많았네. 마음에 안 드니 보고서를 다시 처음부터 쓰라고 했었다며? 어쨌든 이런저런 일로 주변의 말이 많았네. 그래서 그런데 한 1년 푹 쉬면서 가벼운 마음으로 주변 선생님들과 관계를 개선해보는 게 어떻겠나?"

강선생님은 망치를 맞은 것 같은 충격을 느꼈습니다. 강선생님은 비척비척 교장실을 나서며 생각했습니다.

'그래, 내가 욱해서 말을 막할 때도 있지. 그래도 그 사람들이 어떻게 그런 말을 교장선생님한테 할 수 있지? 내가 더 선배잖아. 그리고 내가 많이 도와줬잖아. 못하는 걸 가르쳐주려다 보니 그렇게 된 것뿐인데… 실제로 내가 해서 결과도 좋았어. 못하면 배워야지. 가르쳐준 나한테 감사하지는 못할망정 은혜를 원수로 갚아? 그리고 내가 없으면 이 학교가 지금처럼 돌아갈 것 같아? 일도 제대로 모르면서!'

강선생님은 자신의 가치를 인정해주지 않는 동료 선생님들에게 화가 나 견딜 수가 없었습니다.

슬픈 나르시시즘, 나 아니면 안 되는 상황 따위는 없다?
———

누구나 자기가치를 높게 평가하는 자기애를 가지고 있습니다. 그러나 자기애가 지나치면 필연적으로 우월감이 따릅니다. 이 우월감이 때론 주변을 힘들게 하기도 하죠. 심리학에서는 이런 과한 우월감을 동반한 지나친 자기애를 설명하기 위해 나르시시즘(narcissism)이란 용어*를 사용합니다.

나르시시즘이란 용어는 고대 그리스 신화에서 유래됐습니다. 아름다운 외모로 유명했던 청년 나르키소스(Narcissus)는 수많은 소년, 소녀들의 마음을 빼앗았습니다. 하지만 나르키소스는 무척 자존심이 강했습니다. 인간뿐 아니라 각종 님페**들까지 그에게 마음을 빼앗겼지만 그는 모든 구애를 매몰차게 거절합니다. 나르키소스에게 상처입은 많은 이들은 그도 같은 아픔을 겪게 해달라고 신께 간청하기에 이릅니다. 이 간절한 기도가 복수의 여신 네메시스(Nemesis)의 귀에 들어가게 됩니다.

어느 날 사냥하러 숲에 들어간 나르키소스는 맑은 샘을 발견합니다. 갈증을 느낀 나르키소스는 목을 축이기 위해 샘에 몸을 숙였고, 그 순간 그는 소스라치게 놀랍니다. 그가 놀란 이유는 물에 비친 자신의 모습이 처절할 정도로 아름다웠기 때문입니다. 나르키소스의 첫사랑은 놀랍게도 자기 자신이 되어버렸습니다. 그 후 그는 샘을 떠나지 않고 자신을 뜨겁게 열망합니다. 물에 비친 자신을 수없이 껴안고, 입을 맞추려 해보지만 그럴 때마다 물속의 자신은 도망쳤습

---

*나르시시즘(narcissism)을 심리학에 처음 도입한 사람은 1899년 독일의 정신과 의사 파울 네케(Paul Näcke)입니다. 하지만 나르시시즘이 본격적으로 널리 쓰이기 시작한 건 프로이트(Sigmund Freud)가 정신분석학 용어로 도입하면서부터입니다. 프로이트가 우월감을 동반한 지나친 자아도취적 성향을 설명하기 위해 나르시시즘이란 용어를 차용한 후 이 용어는 심리학 전반에 통용되는 일반적 용어가 됩니다. 나르시시즘의 사전적 한국어 번역은 '자기애'입니다. 우리나라에서 자기애란 단어는 일반적으로 자신감과 비슷한 긍정적인 의미로 쓰이는데, 이 글에서는 일반적으로 사용되는 긍정적인 의미의 자기애(자신감)가 아닌 심리학적 의미의 우월감을 동반한 과도한 자기애에 관해 이야기할 것입니다.
**그리스 신화의 님페(Nymph)란 나무, 돌, 연못 등에 깃든 아름다운 여자 정령을 뜻합니다.

니다. 사랑하는 상대를 만질 수도 없고 한마디 응답도 없는 상황에 그는 절망합니다. 나르키소스는 사랑하는 그림자 곁에서 서서히 생기를 잃어갔지만 끝내 샘물을 떠나지 않았고 그 자리에서 최후를 맞이합니다.＊

저는 나르시시즘의 어원인 나르키소스의 이야기가 은유적이지만 인간 심리의 본질을 날카롭게 표현한 이야기라고 생각합니다. 특히 강선생님에 관해 많은 생각할 거리를 던집니다. 지금부터의 내용은 나르키소스의 이야기에 대한 제 나름의 주석입니다.

첫 번째로 복수의 신 네메시스가 나르키소스를 불행에 빠뜨리기 위해 내린 저주가 자신을 사랑하도록 만든 일이란 점은 참으로 역설적입니다. '자신을 사랑해라. 자아존중감을 키워라. 이것이 행복해지기 위한 길이다.' 이는 현대 철학서, 심리서, 소설, 드라마, 영화 등 각종 매체를 통해 전 세계 방방곳곳에 울려 퍼지는 구호입니다. 각종 문헌, 경험과학적 연구들이 자존감과 행복의 정적인 상관관계를 증명해왔고 저 역시 동의하는 주장입니다. 그런데 '자신을 사랑해야

＊나르키소스 이야기의 결말에는 여러 가지 형태가 존재합니다. 그중 대표적인 결말 두 가지가 있는데 하나가 본문에 보듯 '서서히 죽음을 맞이했다'이고 나머지 하나는 샘물에 몸을 던져 자살했다는 이야기입니다. 그리고 그 자리에 수선화가 피었고 수선화의 학명은 나르시서스(Narcissus)입니다.

한다.'는 행복의 명제가 나르키소스 이야기 속에서는 흥미롭게도 저주로 사용됩니다. 고대 그리스와 현대 사이에 놓인 2500여 년의 간극이 만들어낸 차이일까요? 2500년의 전 인간과 지금의 인간은 다른 걸까요? 누군가 이렇게 질문한다면 저는 "아니오."라고 대답할 것입니다. 2500년 전도, 지금도 인간의 본성은 동일합니다. 저는 이 차이가 인간의 본성이 아닌 나르키소스가 사랑에 빠진 대상에 있다고 생각합니다.

이상적 자아상, 네메시스의 저주에 담긴 비밀

나르키소스가 사랑한 대상이 자기임에는 틀림없습니다. 그러나 그가 사랑한 자기는 진짜 자기가 아니었습니다. 나르키소스는 그 대상을 아무리 안으려 하고, 잡으려 해도 할 수 없었습니다. 입을 맞출 수도 없었죠. 이것은 그 상대가 진짜 자기가 아니라 거울*에 비친 자신이었기 때문입니다.

---

*고대시대 거울은 귀족들의 귀중품이었고 청동으로 제작되어 사람의 얼굴을 선명히 비추기에는 무리가 있습니다. 그렇기에 역사가들은 청동이나 유리가 흔해지기 전까지 단지에 담긴 물이 일상적 거울역할을 했을 거라 여깁니다. 인류 최초의 거울 역시 금속이 아닌 단지에 담긴 물이었을 것으로 보는 것이 합리적입니다. 즉 나르키소스가 자신을 비춘 연못은 거울이라 해석할 수 있습니다.

거울이란 도구는 우리 자신을 비추는 도구임에는 틀림없습니다. 그러나 거울에 비친 모습은 어디까지나 난반사로 인한 빛의 파편일 뿐 실체가 될 수는 없습니다. 또한 우리는 그 파편들을 있는 그대로 보지 않고 자아의 해석과정을 거쳐 인식합니다. 예를 들어, 기분이 좋은 날에는 내 얼굴 중 가장 멋진 내 코를 중심으로 바라보며 감탄합니다. 소개팅 날에는 콤플렉스인 홀쭉한 볼에서 시선이 떠나지를 않습니다. 다시 말해 거울에 비친 내 모습은 나의 진정한 실체와는 거리가 멀며 해석에 따라 변하는 허상이라고 할 수 있습니다. 나르키소스가 본 모습은 한순간에 마음을 빼앗긴 만큼 약점보다는 장점이 한껏 미화된 허상이었을 것입니다.

즉 나르키소스가 반한 샘물에 비친 자기 모습은 '이상적 자아상'에 대한 은유입니다.

그리고 네메시스가 건 저주의 진정한 의미는 '현실과 동떨어진 이상적 자아상에 집착하게 만든 일'이라 말할 수 있습니다.

고통은 돌고 돈다

강성훈 선생님의 행동 저변에는 이러한 이상화된 자아상이 똬리를 틀고 있었습니다. 강선생님은 이 자아상을 현실로 만들기 위해 항상 성공을 꿈꾸었습니다. 그래서 열심히 고통스럽게 노력했습니다. 강선생님은 노력한 만큼 주변으로부터 인정받기를 갈구합니다. 하지만 강선생님의 소망은 아이러니하게도 그 과도한 노력으로 인해 좌절됩니다. 지나치게 목표만을 향해 달리다 보면 필연적으로 주변에 상처를 주기 때문입니다. 주변의 비난은 강선생님 입장에서 볼 때 아닌 밤중에 홍두깨처럼 황당한 일입니다. '내가 얼마나 노력했는데. 어떻게 나에게 이럴 수 있어?'라며 억울함을 느낍니다. 강선생님의 자존감은 상처입고 다시금 자신의 존재 가치를 증명하기 위해 더욱 처절히 노력합니다.

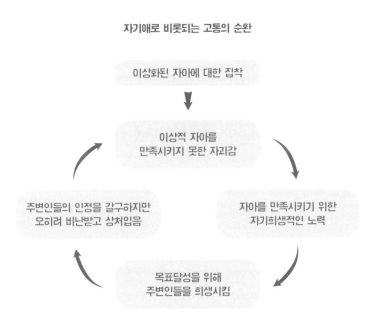

자기애로 비롯되는 고통의 순환

148

나는 '이상적인 선생님이 되어야 한다'는 생각

———

저는 나르키소스가 빠진 샘물이 바로 이 고통의 순환고리에 대한 은유적인 표현이라고 생각합니다. 나르키소스가 점점 생기를 잃어가며 서서히 죽음을 맞이하는 장면 역시 이상적 자아에 집착할 때 반드시 따라오는 고통의 순환을 비유적으로 보여준 것입니다.

이 모든 고통의 순환고리의 시작점은 강선생님의 이상화된 자아입니다. 이 이상화된 자아는 다음과 같은 특징을 가집니다.

- 나는 남들보다 우월하다고 생각한다.
- 내가 없으면 아무것도 안 될 것이다.
- 성공, 탁월함은 나의 존재를 증명하는 중요한 가치다.
- 나는 매우 인정받고 칭찬받아야 마땅하나 사람들이 제대로 알아주지 않는다.
- 타인의 감정이나 욕구보다는 나의 일이 더 중요하다.

강선생님의 우월감, 과도한 인정욕구, 배려의 부족은 이상적 자아로부터 비롯됐습니다. 그로 인해 벌어지는 업무 스트레스, 관계의 상처 역시 이곳에서 시작되었죠. 강선생님은 이상적 자아상을 만족시키기 위해 최선을 다해 노력했습니다. 실제로 어느 정도 성공을 거두기도 했죠. 하지만 결코 완벽한 만족에 이를 수 없었습니다. 나르키소스가 물에 비친 자신을 잡으려 아무리 헤집어도 결코 잡을 수 없었던 것처럼 말입니다.

우리 모두에겐 이상적 자아상이 있다

미국의 정신의학자 하인츠 코후트(Heinz Kohut)*는 우리 모두 어느 정도씩 강선생님을 닮아 있다고 말합니다. 그 이유는 우리 모두 이상화된 자아상에 사로잡혔던 때가 있기 때문입니다. 그 시기는 유아기입니다. 처음 태어난 신생아에게 세상은 놀라움과 공포 그 자체입니다. 하지만 시간이 흐르며 부모의 전폭적인 애정과 보살핌 속에 공포는 줄어듭니다. 부모는 나의 명령을 수족같이 따릅니다. 나의 표정 하나에도 민감하게 반응합니다. 이에 더해 내 몸도 점점 내 의지대로 움직이기 시작합니다. 이 시기에 아이는 '이 세상이 모두 내 뜻대로 된다.'는 웅대한 자기상을 만든다고 합니다. 우리 모두의 마

---

*유대인 정신의학자 하인츠 코후트(Heinz Kohut)는 오스트리아에서 태어나 유럽에서 정신분석학을 배웠지만 2차 세계대전의 발발 후 나치를 피해 미국으로 이민을 떠납니다. 그는 미국에서 정신분석학회 회장을 역임할 정도로 정신분석학에 정통했습니다. 하지만 자기애가 강한 환자들을 치료하며 얻은 깨달음으로 프로이트의 정신분석학과는 다른 자신만의 정신분석이론인 자기심리학(self psychology)을 창시합니다.

음속에는 이 시기의 흔적이 남아 있는 것입니다. 하지만 이상적 자아상은 필연적으로 좌절과 상처를 겪게 됩니다. 믿었던 부모로부터 규제와 나무람을 받고, 넓은 세상 속에서 한계에 직면하며 '나는 그렇게 대단한 존재가 아니었구나.'라는 사실을 뼈저리게 깨닫습니다. 그렇게 우리의 자아상에 현실성이 더해집니다.

그러나 코후트는 이상적 자아상이 성장하지 못하는 경우가 있다고 말합니다. 첫째는 부모의 과잉보호나 특수한 성장과정으로 인해 이러한 좌절경험을 겪지 못한 경우입니다. 둘째는 너무나 큰 좌절경험으로 인해 심리적 충격을 받는 경우입니다. 강렬한 좌절의 경험은 현실을 직면하는 걸 피하게 만들고 도리어 이상적 자아상에 더욱 집착하게 만듭니다. 즉 부족한 또는 과도한 좌절경험이 이상적 자아상의 성장을 방해합니다.

자기애에 빠지게 만드는 이상적 자아를 극복하는 방법

방법 1.

자신에 대한 지나친 과대평가와 우월감에서 자유로워지기 위해서는 무엇보다 내면아이의 성장이 필요합니다. 이를 위해 머릿속에 있는 내면아이의 생각을 명료하게 만들어야 합니다. 다음에 적은 나르시시즘의 일반적인 특징 외에 내 안에 있는 이상적 자아상에서 비롯된 생각들을 글로 적어보세요. 그 후 아래의 예와 같이 이상적 자아상을 성숙한 어른의 생각으로 교체할 필요가 있습니다. 그리고 매일 소리 내어 읽어보시길 권합니다.

이상적 자아신념	현실적 자아신념
• 나는 남들보다 우월하다고 생각한다. • 내가 없으면 아무것도 안 될 것이다. • 성공, 탁월함은 나의 존재를 증명하는 중요한 가치다. • 나는 매우 인정받고 칭찬받아야 마땅하나 사람들이 제대로 알아주지 않는다. • 타인의 감정이나 욕구보다는 나의 일이 더 중요하다.	• 나와 남은 다를 뿐이다. • 나를 대신해 일할 사람은 분명히 있다. • 나의 존재 가치와 행동은 아무런 관계 없다. • 남의 인정이 없어도 나는 가치 있는 사람이다. • 내 감정만큼 타인의 감정도 중요하다.

방법 2.

이상적 자아를 극복하는 두 번째 방법은 인격의 통합입니다.

강선생님은 자신이 이상적인 인간이라 믿고 있습니다. 때문에 강선생님은 자신의 수치스러운 점들은 무의식속에 묻어두고 자신이 우월한 점들만 생각하고 과시하려는 경향이 있습니다. 침울한 윤선생님의 표정을 보고 잠깐 죄책감을 느꼈으나 이내 상대의 잘못으로 돌리며 무시했습니다. 자신의 부정적인 면을 회피하려고만 한다면 자아상은 유아기에 계속 머물러 있을 수밖에 없습니다. 혹시 강선생님처럼 내가 인격의 일부분을 억압하고 있지는 않는지 살펴보아야 합니다. 동문서답을 하다 친구들 앞에서 망신을 당한 일, 이성에게 고백했다 차인 일, 학교 법인카드를 분실한 일, 내 실수를 누군가에게 덮어씌운 일 등 아무리 수치스럽고 모욕적이더라도 모두 나로부터 비롯된 행동이고 내 자아의 일부분입니다. 소외되어온 인격의 파편들을 발견하고 내 자아의 일부분으로 통합해야 합니다. 가장 좋은 방법은 과거의 부끄러운 경험들을 가까운 주변 사람들에게 이야기하고 나누는 것입니다.

"오늘 직장에서 윤선생님이란 후배에게 일을 못한다고 핀잔을 주었어. 몇 번을 말했는데 안 고쳐지냐고. 그런데 윤선생이 나중에 울 것 같은 표정으로 올라가더라고. 어떻게 생각해? 내가 너무 심했나?"

자신의 경험을 나누다 보면 어느새 나의 행동, 생각을 객관적으로 뒤돌아볼 수 있을 것입니다. 또한 이 과정을 통해 인식된 나의 새로운 모습이 자아의 일부분으로 통합될 수 있습니다.

설혹 내 약점이 알려지는 게 두렵더라도 너무 걱정할 필요는 없습니다. 완벽한 인간이란 없으며 누구나 실수를 저지릅니다. 선생님의 실수를 주위가 알게 된다 하더라도 남들은 남의 실수에 크게 의미를 두지 않습니다. 오히려 선생님의 인간적인 모습을 매력적으로 여길지 모를 일입니다.

내 부끄러웠던 경험들	이야기를 나눌 상대
1.	
2.	
3.	

자신에 대한 지나친 과대평가, 남들에 대한 우월감이 동반된 이상적 자아 속에는 누구도 눈치 채지 못한 그림자가 숨어 있습니다. 강선생님의 좌절과 상처는 모두 이 그림자로부터 비롯됩니다. 그 그림자란 바로 '열등감'입니다. 일견 강선생님의 모습을 떠올려 본다면 열등감이란 단어가 무척 의아하게 들릴 것입니다. 여기서 말하는 열등감은 앞서 얘기했던 타인과 자신을 비교하는 열등감과는 성격이 조금 다릅니다. 강선생님은 자신의 현재 모습을 이상적 자기상과 끊임없이 비교하며 열등감을 느낍니다.

'나 정도면 부장은 해야 하는데.'
'석사 학위는 있어야 하는데….'
'교감, 교장으로 승진해야지. 내가 어떤 사람인데….'

아들러는 "열등감과 우월감은 동전의 양면과 같다."고 말합니다. 결국 강선생님에게 필요한 것은 "뭘 내세우지 않아도, 아무것도 하지 않아도, 당신은 이미 훌륭한 사람입니다."라는 위로일지 모릅니다. 마지막으로 17세기 영국의 유명한 시인이자 비평가 알렉산더 포프(Alexander Pope)의 말로 이 장을 마무리하고자 합니다.

"나는 완벽하지 않다. 내 친구도 마찬가지다.
그렇기에 우리는 너무나 잘 맞다."

도저히 잊혀지지 않는
상처가 있다면

용 / 서 /

"따르르르릉."

한창 수업 중 갑작스레 울리는 전화벨 소리에 불길한 예감이 안미정 선생님의 머리를 스쳤습니다. 안선생님의 학교에서는 수업에 상관없이 수시로 전화벨이 울립니다. 그리고 수업 중에 울리는 전화는 모두 교무실의 호출이었습니다.

"안선생님. 교장선생님이 내려오시라고 합니다."

"네? 지금요?"

"네, 지금 바로 내려오시랍니다."

"무슨 일인지 알 수 있을까요?"

"저도 모르겠습니다."

무뚝뚝한 교감선생님의 음성이 안선생님을 더욱 불안하게 만들었습니다. 경험상 교장선생님의 급작스런 호출은 매우 불길한 신호였습니다. 교장선생님은 무언가 거슬리는 일이 생기면 못 참고 바로 지적해야 직성이 풀리는 불같은 성격으로 유명했기 때문입니다. 안선생님은 아이들에게 자습할 거리를 주고 교실 문을 나섰습니다. 교무실로 향하며 어떤 일일지, 혹시 최근에 실수한 것은 없는지 곰곰이 생각해봤지만 도무지 떠오르는 게 없었습니다. '혹시 업무를 부탁하려 하시나?'라는 생각이 들며 조금 안심되기도 했습니다. 떨리는 마음을 안고 드디어 교장실에 들어섰습니다.

"안녕하세요, 교장선생님. 무슨 일이세요?"

"안선생, 이거 보여요?"

"네?"

교장선생님의 손가락 끝엔 꽉 찬 쓰레기 봉지가 놓여 있었습니다. 안선생님은 이것이 무슨 상황인지 도무지 알 수 없었습니다.

"이 쓰레기 봉지, 선생님 반의 것 맞죠?"

"네? 글쎄…요?"

"내가 아까 이 쓰레기 봉지를 버리는 학생에게 물어봤어. 3학년 1반이라고 했어요. 이 쓰레기 봉지 뒤져보세요."

"네??"

"뒤져서 뭐가 나오는지 보라니까."

교장선생님의 고압적인 말투에 안선생님은 영문도 모른 채 쓰레기 봉지를 열었습니다.

"거기 종이 보여요?"

"네? …네…에."

"종이들 꺼내보세요."

"네?"

"꺼내보라니까!"

안선생님은 쓰레기 봉지에 있는 종이들을 하나둘씩 꺼냈습니다. 음식물 찌꺼기가 묻은 더러운 종이들을 맨손으로 직접 끄집어냈습니다. 안선생님 앞에 종이쓰레기가 수북이 쌓였습니다.

"안선생, 종이 쓰레기는 분리수거 해야 돼요? 안 해야 돼요?"

"… …."

"해야 돼? 안 해야 돼?"

"해야 합니다."

"이런 기본적인 것도 못 지키면서 어떻게 아이들을 가르치는 교사라 할 수 있습니까? 안 그래요?"

"… …."

"요즘 업무도 계속 깜박깜박하고, 정신 차려야지. 젊은 사람이 벌써 그럼 어떡해? 앞으로 조심하세요. 알았어요?"

교장실을 나서는 안선생님의 다리가 후들후들 떨렸습니다. 가슴은 방망이질

하듯이 뛰었습니다. 사지에 힘이 풀려 서 있는 것조차 힘들었습니다. 도대체 지금 무슨 일이 벌어진 건지 꿈만 같았습니다.

그날 이후 안선생님에겐 여러 가지 변화가 생겼습니다. 잠자리에 들어 눈을 감으면 교장선생님이 보였습니다. '교장선생님은 지금 아무 생각 없이 잘 자고 있겠지?'라는 생각에 억울해 잠을 이룰 수 없었습니다. 학교에서 이유 없이 아이들에게 짜증을 내는 일이 많아졌습니다. 하지만 이런 일을 겪었다는 것을 주변 선생님 누구에게도 알리지 못했습니다. 너무나 부끄러워 입이 떨어지지 않았기 때문입니다.

참기 힘든 억울한 상처에 어떻게 대처해야 할까?

———

학교생활은 어찌 보면 상처의 연속입니다. 상처받지 않으려 아무리 조심해도 예고 없는 소나기까지 피할 수는 없습니다. 문제는 소나기를 맞고 난 후의 반응입니다.

안미정 선생님 같이 큰 상처를 받았을 때 선생님들의 반응은 다양합니다. 교장선생님께 복수를 꿈꾸는 분, 동료교사에게 위로를 청하는 분도 있습니다. 묵묵히 참고 견디는 분, 애써 지우려 노력하는 분도 있습니다. 때로는 내적갈등을 피하기 위해 교장선생님이 그럴 수도 있다고, 내 잘못이 크다고 합리화합니다. 하지만 어떤 방법도 상처로 비롯된 분노, 복수심에서 완전히 해방시켜주지 못합니다.

찌꺼기는 계속 남아 선생님을 괴롭힙니다. 그렇다면 분노의 속박으로부터 완전히 자유로워질 수 있는 탈출구는 없을까요? 이 질문에 예수, 부처 같은 고대 영적인 스승부터 누구보다 큰 상처를 극복한 현대의 위인 마틴 루터 킹, 넬슨 만델라까지 수많은 철인들은 입을 모아 대답합니다. 상처로부터 자유로워질 길은 '용서'뿐이라고.

흔히 용서란 단어는 종교경전이나 윤리 책에서 다루는 현실과 동떨어진 뜬구름 잡는 이야기로 받아들여지고는 합니다. 하지만 최근 용서는 철학, 윤리학의 사변적 탐구뿐 아니라 심리학에서 그 개념과 구체적 방법, 효과에 대해 경험과학적 연구가 활발히 이뤄지는 주제입니다.

'내가 왜 용서를 해줘야 하나?'란 의문이 든다면

———

날벼락 같은 황당한 일로 인해 분노, 고통에 괴로워하는 안선생님에게 용서란 말은 참 뜬금없습니다. 처절한 복수도 모자를 판에 상대방만 좋을 용서를 하라니요. '왜 내가 용서를 선택해야 하나?' 누구나 제기할 이 의문에 미국 위스콘신 대학의 '용서 심리학자' 로버트 엔라이트(Robert D Enright)는 이렇게 대답합니다.

- 이러한 고통을 받는 데 지쳤고 이제 고통을 멈추고 싶다.
- 이 사람이 계속해서 내게 상처를 주도록 방치하고 싶지 않다.
- 만일 용서하게 된다면 기분이 더 좋아질 것이다.
- 용서한다면 신체 · 심리적으로 더 건강해질 것이다.
- 가해자가 나를 상처입히는 데서 오는 즐거움을 누리게 하고 싶지 않다.*

위에서 보듯 엔라이트는 남이 아닌 나를 위해 용서를 제안합니다. 그가 제시한 용서를 해야만 하는 당위성에는 타인을 위한 동기는 없으며 모두 나의 안녕과 행복을 위함입니다.

그럼에도 불구하고 용서는 어디까지나 본인의 선택에 달린 문제입니다. 누구도 용서를 강요할 수 없고 강요해서는 안 됩니다. 다만 지금 안선생님처럼 힘들어 견딜 수 없다면, 조금이라도 고통을 덜 수 있다면 한번 시도해볼 만한 가치가 있지 않을까요? 하다 중간에 포기하더라도 밑져야 본전일 테니까요.

---

*참고도서 《용서치유》 Robert D Enright, 학지사, 2004

용서를 선택하기에 앞서

____

　용서를 선택하기에 앞서 꼭 마쳐야 할 숙제가 있습니다. 어쩌면 이 숙제는 용서 과정 자체보다 더 중요하며, 더 힘든 과제일지 모릅니다. 이 과제란 '가해 행동을 중단시키는 일'입니다. 더 이상의 가해 행동, 위협이 없을 때에야 용서가 가능합니다. 안미정 선생님의 경우 다시는 교장선생님에게 이런 부당한 일을 당하지 않는 환경을 만들어야 합니다. 이를 위한 방법에는 여러 가지가 있을 수 있습니다.

　교장선생님께 안선생님의 상처, 분노를 직접 전달할 수 있습니다. 항의하거나 사과를 요구하거나 재발방지를 약속받을 수도 있겠죠. 이 행동이 현실적으로 힘들거나 차마 용기가 안 난다면 혼자 해결하는 방법도 있습니다. 최소한 이런 상황에 다시 맞닥뜨릴 때는 기필코 거부겠다고 단호하게 결의하는 것입니다. 어떤 성인군자도 두드려 맞는 도중에 용서할 수는 없습니다. 또한 용서해서도 안 됩니다. 용서란 상처의 고통으로부터 벗어나는 길이지 고통을 정당화해주는 도구로 사용되어서는 안 됩니다. 용서의 과정을 시작하려면 그에 앞서 상대방이 가해 행동을 중지시킬 용기가 요구됩니다.

용서 과정 첫 번째 분노 인식하기

———

용서의 과정 첫 걸음은 자신의 분노를 돌이켜보는 일입니다. 더 정확히 말하면 나의 분노를 어떻게 다루고 있는지 알아보는 것입니다. 부당한 일을 당한 사람들 중에는 의외로 밖에 드러내기를 꺼리고 숨기는 분들이 많습니다. 심지어 이 모든 상처를 자기 탓으로 돌리고 자책하는 선생님도 계십니다. 자책은 의외로 상처경험에 대한 보편적 반응 중 하나입니다. 가해자와 마주치지 않아도 되고, 상처의 고통을 잡음 없이 혼자 해결하기에 가장 손쉬운 방법이기 때문입니다. 혹은 부당한 일이 대부분 권력관계의 불균형 상황에서 발생하기 때문에 가해자의 권위에 압도되어 스스로 분노를 억압하기 때문일 수도 있습니다. 하지만 분노는 피한다고 사라지지 않습니다. 다른 쪽으로 분출되기 마련입니다. 다음의 질문을 읽고 분노가 선생님에게 어떤 영향을 끼치고 있는지 적어보시기 바랍니다.

- 혹시 학생, 동료, 친구 때로는 가족에게 과도하게 짜증내고 있지 않나요?
- 잠자리에 들었지만 느닷없이 가해자가 떠올라 잠이 들지 않거나 꿈을 꾸지는 않나요?
- 자신은 고통을 받는데 '그놈은 발 뻗고 잘 자겠지?'라는 생각에 괴로

웠던 적이 있나요?

- '세상은 불공평해. 사람을 믿으면 안 돼. 나는 못났어.' 같이 세계관이
  나 인생관이 변하지는 않았나요?

분노가 나에게 미치는 영향

이것이 모두 해결되지 못한 분노가 일으키는 부작용들입니다. 용
서는 이런 부작용들을 인식한 후에야 시작할 수 있습니다. 이제껏
분노를 다뤄왔던 방법이 효과적이지 못했다는 걸, 이에 더해 내 인
생에 악영향을 끼치고 있다는 걸 깨달았다면 용서라는 대안을 선택
하기로 결심할 수 있을 것입니다.

용서 과정 두 번째 관점 바꿔보기

이 과정의 핵심은 가해자를 새로운 관점에서 바라보는 것입니다.
이것은 안미정 선생님 같이 충격적인 일을 겪은 사람에게는 무척 힘
든 과정입니다. 분노로 인해 '저 사람은 정말 되먹지 못한 인간이야.'

같이 상대방의 인격 전체를 가해 행동 한 가지로만 단정짓고 단순화하기 십상입니다. 하지만 인간이란 한 가지 행동만으로 정의하기에는 복잡하고 다층적인 존재입니다. 용서를 통해 자신의 분노를 놓아주기로 결심했다면 상대방을 더 너른 관점에서 이해해볼 필요가 있습니다.

- 그는 성장하며 어떤 삶을 살아왔나요?
- 가해 행동 당시 그는 어떤 상황이었나요?
- 가해 행동 외에 그는 나와 어떤 관계를 맺고 있었나요?

이 같은 질문을 바탕으로 안선생님은 교장선생님에 대하여 생각해보았습니다.

- 교장선생님은 경북 예천이라는 굉장히 보수적인 지역에서 자랐고 무척 보수적인 교장선생님들 밑에서 일했다고 했어. 특히 교무부장으로 근무할 때 모셨던 시골 지역의 교장선생님들은 자기 말이 곧 법이라고 생각했다고 하셨지. 출퇴근 시 차로 모셔다 드린 건 물론 화가 나면 반말, 막말로 자기를 너무 괴롭혔다고 수차례 이야기했어. 그런 환경에서 지냈던 교장선생님은 우리 학교의 수평적인 분위기가 무척 적응하기 힘들다고 했지. 교장선생님 의견이 부장회의를 통해 꺾이

는 일이 종종 벌어졌다고 들었고 또 학부모들도 드세서 학교행사나 담임배정 등에 불만을 제기하거나 교육청에 민원을 넣기도 해서 교장선생님이 골치를 썩는다고 했어.

그리고 이번 일을 제외하면 교장선생님과는 그리 나쁘지 않은 사이였어. 나도 교장선생님도 술을 좋아해 회식자리에서도 잘 어울렸고 늦게까지 남은 회식자리에서 서로의 고충을 터놓기도 했지. 그래서 이런 이야기들도 알 수 있었던 거고. 나 역시 아이 셋을 키우느라 무척 힘들다고 얘기했고 그 때문인지는 몰라도 올해는 조금 편한 학년을 맡게 되었어.

이 같은 생각은 단순히 머리로 할 게 아니라 글로 써보는 것이 좋습니다. 글로 쓴다면 조금 더 생각을 구체화할 수 있을 뿐 아니라 용서 작업을 반복할 때 다시 한 번 읽고 되뇌어 볼 수도 있습니다.

마지막으로 당부드릴 말씀은 이 단계가 절대 가해 행동을 정당화하기 위한 과정이 아니라는 사실입니다. 아무리 그럴듯한 이유가 있더라도 교장선생님은 부당한 행동을 했습니다. 의도는 정당화할 수 있어도 행동을 정당화할 순 없습니다. 다만 왜 부당한 행동을 했는지 이해의 노력을 기울여 보자는 것이 이 단계의 목적입니다.

용서 과정 세 번째 공감하기

———

생각만으로 용서가 가능했다면 '용서는 인간이 할 수 있는 가장 위대한 행동'이라 일컬어지지 못했을 것입니다. 머리에서 시작한 용서의 여정은 결국 마음에 다다라야 완성될 수 있습니다. 용서의 세 번째 과정은 전 단계에서 머리로 이해한 것을 마음으로 공감하는 일입니다. 다음은 상대방의 마음을 공감하기 위한 질문입니다.

- 그는 어떤 감정에서 그런 행동을 했을까요?
- 사회적인 관계가 아닌 한 인간으로 바라봤을 때 그는 어떤 사람인가요?
- 지금 어떤 감정이 느껴지나요?

이와 같은 질문을 바탕으로 안선생님은 교장선생님을 공감하는 글을 써보았습니다.

• 교장선생님은 이 학교에 온 후에 달라진 환경에 힘들었을 거야. 자신은 교장의 말이라면 팥으로 메주를 쑨다고 해도 믿었는데 우리 학교 선생님들은 그렇게 고분고분하지 않으니까. 짜증나고 억울하기도 했겠지. 학부모 문제도 그래. 이 학교 사람들은 아무도 자기를 존중해주지 않는다고 느꼈을지 몰라. 교장선생님도 낯선 부임지에 첫 교장으로 발령 난 거고 학교 분위기도 비우호적이니 불안하고 초조했을 거야. 어떻게든 자신의 권위를 세우고 싶어 안달했겠지. 그러던 중에 그 짜증을 나한테 폭발시킨 걸지도 몰라. 어쩌면 큰마음 먹고 한 행동일 수도 있지.

나도 올해 우리 반 애들이 드세서 본보기로 형준이를 필요 이상으로 심하게 혼냈지. 그리고 미안하고 후회했었어. 그렇게 보자면 교장선생님도 나와 똑같은 인간일 뿐이야. 자기 위치를 지키기 위해 불안해하고 화내고 말도 안 되는 짓거리도 하고. 아니, 오히려 나보다 더할지도 몰라. 나라면 아무리 초조해도 그런 식으로 사람을 깔아뭉개지는 않았을 거야. 겉으로 보기에나 그렇지 마음은 나보다 더 연약한 사람일지도 몰라.

어제까지만 해도 교장은 나와 다른 세상에 사는 악마같이 느껴졌는데, 그 사람도 사람이지. 나랑 별다를 것 없는. 조금은 연민이 느껴지기도 하네.

분노의 반대는 무감정이 아닙니다. 또한 무감정은 치유의 감정도 아닙니다. 분노의 정반대에 서 있으며 분노를 치유해주는 감정은 바로 '공감, 연민, 동정심'입니다. 하지만 나를 상처입힌 가해자에게 연민, 동정심을 갖기란 굉장히 어려운 일입니다.[*] 천천히 조금씩 전진하셔도 괜찮습니다. 어떤 아이도 한순간에 어른으로 성장할 수 없듯이 감정도 성숙해지기 위한 시간, 노력이 필요한 법입니다.

공감하기

용서 과정 네 번째 행동하기

용서의 네 번째 과정은 이제까지 정리한 생각과 감정을 행동으로 옮기는 것입니다. 행동은 생각, 공감과는 또 다른 차원의 문제입니

---

[*] 심한 상처를 입었음에도 단숨에 연민, 동정심을 느꼈다면 혹시 내가 어떤 이유로 분노를 감추고 빨리 상황을 정리하려는 방어기제를 쓰는 건 아닌지 의심해봐야 합니다. 제대로 된 분노 없이는 용서도 없습니다.

다. 그렇기에 충분히 마음의 준비가 된 뒤에 다음의 과정들을 행동으로 옮기는 것이 좋습니다.

- 가해자에게 용서의 선물하기
- 용서했음을 가까운 누군가에게 공표하기

첫 번째 행동은 가해자에게 용서의 선물을 주는 일입니다. 선물이란 말을 듣는 순간 '화해'란 단어가 머리를 스쳐 지나갔을 것입니다. 그러나 용서는 결코 화해와 동의어가 아닙니다. 화해를 위해서는 필히 용서가 선행돼야 하겠지만 용서했다고 꼭 화해해야 할 필요는 없습니다. 제가 말하는 용서의 선물 역시 화해를 청하기 위함이 아닙니다. 앞에서도 이야기했듯이 용서의 목적은 나의 분노를 줄이고 나아가 분노의 고통에서 탈출하기 위함입니다. 이를 위한 선물은 거창할 필요가 없습니다. 심지어 상대방이 선물을 받았는지 눈치 채지 못해도 아무 상관없습니다. '교장선생님과 눈을 마주치고 인사하기', '교장선생님께 먼저 말 걸어보기', 혹은 '교장선생님께 용서의 편지 쓰기' 등이 내 분노를 걷어주는 용서의 선물이 될 수 있습니다. 물론 편지는 부치지 않아도 무방합니다.

용서는 단숨에 벌어지는 사건이 아닙니다. 또한 용서가 달성됐는지 Yes 혹은 No로 쉽게 답할 수 없습니다. 용서는 저 먼 도달점을 향해 짧게는 몇 주 길게는 몇 년에 걸쳐 조금씩 앞으로 전진하는 긴 여정입니다. 각 단계마다 일주일 혹은 한 달이 넘게 걸릴 수도 있습니다. 우리 삶의 다른 문제들과 마찬가지로 때로는 후퇴하기도 할 것입니다. 용서의 공표는 후퇴의 과정을 예방하는 데 도움을 줍니다. 주변에 신뢰할 만한 누군가에게 내가 어떤 과정을 거쳐 용서했고, 지금도 노력하고 있다는 사실을 알려주세요. 누군가의 긍정적인 지지와 격려는 선생님의 용서에 큰 힘이 될 것입니다.

용서의 선물	내 용서 과정을 공유할 사람
1.	
2.	
3.	

용서 과정 마지막 돌아보기

———

용서의 마지막 과정은 용서로 인해 변화된 자신을 확인하는 일입니다. 용서의 첫째 목적인 나의 분노가 줄었는지, 내 마음은 편안해졌는지 용서의 효과를 살펴볼 필요가 있습니다. 여기서 한 걸음 더 나아가 상처와 극복 과정이 나에게 어떤 의미였는지 다음 질문을 통해 생각해볼 수 있습니다.

- 용서 과정 전 나의 분노가 100이었다면 지금은 몇 점인가?
- 용서 과정으로 인해 나는 어떻게 달라졌는가?
- 나는 부당한 대우를 경험하며 무엇을 배웠나?
- 나의 변화가 내 주변에 어떤 영향을 미쳤나?

안선생님은 이 질문을 바탕으로 자신의 변화를 살펴보았습니다.

- 2주 전과 비교하면 내 분노는 60점으로 줄었어. 그래도 많이 좋아졌지. 예전보다 잠도 잘 자고, 두통도 줄었어. 무엇보다 조금씩 웃기 시작했지. 용서 과정을 통해 난 교장선생님을 이해하려고 했을 뿐 아니라 나 자신을 돌아볼 수 있었어. 나를 높이기 위해 학생들을 깔보고, 혹평하고, 필요 이상으로 깎아내리고 그런 행동들이 당사자에게는 얼마나 비통함을 주는지 깨달았어. 또한 분노에 빠진 삶이 얼마나 고통스러운지, 의욕도, 열정도 소멸하고 주변에 폐만 끼쳤지. 내 주변 사람들에게 짜증만 내고 너그러이 대하지 못했어. 내가 더 이상 같은 고통을 겪고 싶지 않은 만큼 학생에게도, 자식들에게도 같은 아픔을

주지 않겠어. 그리고 나와 비슷한 분노와 슬픔에 빠져 있는 학생들을
도와주겠어.

용서로 인한 내 변화 돌아보기

마무리되지 못한 일의 낙인, 자이가르닉 효과

———

1927년 오스트리아 빈의 카페에서 한 여자가 분주히 뛰어다니는
종업원을 신기한 듯이 바라보고 있었습니다. 종업원은 테이블 사이
를 바삐 오가며 메모도 없이 수많은 주문을 정확히 배달하고 있었습
니다. 웨이터가 그녀의 음식을 가져왔을 때 그녀는 묻습니다.

"바로 전 테이블에 갖다놓은 메뉴는 뭐죠?"

웨이터는 머리를 긁적이며 대답했습니다.

"기억나지 않네요."

그녀는 무척 의아해하며 이 사건을 머릿속에 담아둡니다. 그녀의
이름은 블루마 자이가르닉(Bluma Zeigarnik)*, 20세기 소련의 심리학
자입니다. 자이가르닉은 이 일을 계기로 심리학 실험을 설계합니다.

A, B 두 그룹에 20여 개의 다양한 과제를 부여한 후 A그룹은 과제를 수행할 때 아무 방해도 하지 않고, B그룹은 과제를 도중에 중단시키거나, 중단 후 다음 과제로 넘어가게 했습니다. 과제를 마친 뒤 두 그룹에 어떤 과제를 수행했는지 물어봤을 때 B그룹(과제방해, 중단)이 A그룹(과제완료)의 참가자보다 두 배 정도 많은 과제를 기억했다고 합니다. 자이가르닉은 이 실험으로 마무리되지 못한 일이 완료된 일보다 더 오래 기억에 남는다는 사실을 증명합니다. 이것을 그녀의 이름을 따서 자이가르닉 효과(Zeigarnik Effect)라고 부릅니다.

끝마쳐야 할 시험문제의 출제기한, 곧 들이닥칠 시어머니의 생신일, 그리고 첫사랑, 이들을 잊고 싶어도 잊지 못하는 이유는 완성되지 못한 과업이기 때문입니다. 분노 역시 마찬가지입니다. 처리되지 못한 분노는 끈질기게 선생님을 괴롭힐 것입니다. 용서는 분노를 끝낼 수 있는 혹은 약화시킬 수 있는 대안입니다. 실제 용서 과정이 신체적인 증상의 개선(혈압 안정, 심장 질환에 걸릴 낮은 확률)부터 심리적인 안녕(불안, 우울감 감소, 높은 안녕감, 높은 삶의 만족감, 자아존중감, 자아개념 증가)에 도움이 됐다는 국내외 수많은 경험과학적 연구

---

*1900년에 태어났고 모스코바 국립대학 심리학부의 창립멤버이기도 한 그녀는 교사라면 누구나 공부했었던 레프 비고츠키(Lev Vygotsky)와 함께 일하기도 했습니다.

용서는
나를 위한
선택이다

들이 이것을 증명합니다. 선생님의 마음속에 끝내지 못한 분노가 숨어 있다면 선생님의 행복을 위해 용서의 여정을 떠나볼 것을 추천드립니다.

마지막으로 용서의 본질을 꿰뚫는 용서에 관한 격언으로 긴 글을 마치려 합니다.

'내가 용서하는 까닭은 내가 무엇을 잘못해서가
아니라 나의 분노가 내 행복을 도둑질하지 못하게
하기 위해서다. 용서가 나의 과거를 변화시킬 수는
없다. 하지만 용서는 나의 미래를 바꿀 것이다.'

우리 마음속에서 일어나는 용서의 과정을 살펴보다

용서는 1970년대부터 경험과학적 심리학의 영역에서 활발히 연구되어온 주제입니다. 대표적으로 미국 위스콘신 대학의 로버트 엔라이트(Robert D Enright), 커먼웰스 대학의 에버렛 워딩턴(Everett L. Worthington Jr.), 스탠포드 대학의 프레드 러스킨(Fred Luskin) 등의 심리학자들이 용서의 개념, 방법 및 용서가 육체, 정서적 건강에 미치는 영향을 연구하고 관련 논문 및 다양한 저서들을 출판하였습니다*. 제가 앞에서 서술한 용서의 과정도 이들의 용서모형을 공부한 뒤에 학생들과 저 자신에게 적용한 경험을 바탕으로 저술하였습니다. 그중 가장 널리 사용되는 엔라이트와 워딩턴의 용서모형을 소개시켜드리겠습니다. 이 용서과정을 살펴보며 선생님에게 더 필요한 용서과정을 찾고 실행해보시길 바랍니다.

1. 워딩턴의 REACH 용서모형**

1단계 상처 회상(Recall) : 불안과 공포가 없는 안전한 상태에서 상처를 회상하고 숙고한다.

---

*국내에서는 서울교대 김광수, 숙명여대 오영희, 건국대 박종효, 삼육대 정성진 교수님 등이 한국인의 용서에 관해 깊이 연구하고 관련 논문 및 저서 다수를 출판하였습니다.
**《Forgiving and Reconciling: Bridges to Wholeness and Hope》 Everett L. Worthington, 2004, Intervarsity Press

2단계 공감(Empathize)

– 가해자가 가해하는 동안 무엇을 생각하고 느꼈을지 생각하기

– 가해자의 입장이 되어 가해자의 동기에 관한 내용을 담은 글을 써보기

– 가해자와의 좋은 경험 회상하기

– 더 좋은 시간에 가해자와 활발하게 상호작용하는 것을 상상하기

– 기억하고 상상하는 동안 느리고 깊게 숨쉬기

3단계 이타적 선물주기(Altruistic gift) : 가해자도 나와 다르지 않은 사람인 것을 깨닫고

겸손과 감사의 마음으로 가해자에게 이타적 선물주기.

4단계 공개적 선언(Commit)

– 용서의 경험 이야기하기

– 용서 편지 쓰기

– 편지를 주변인 앞에서 읽거나 가해자에게 보내기

– 용서 증명서 쓰기

5단계 용서의 지속(Hold)

– 가해자를 용서했다는 것 상기하기

– 용서했다는 것을 주변 사람들에게 확인받기

– 용서 확인증 다시 읽기

– REACH 5단계 다시 살피기

2. 엔라이트의 용서모형*

1단계 분노 발견하기

– 분노 다루기를 피한 적이 있는가?

– 분노에 직면해본 적이 있는가?

– 수치심이나 죄책감을 드러내는 것이 두려운가?

– 분노가 건강에 영향을 주는가?

– 상처나 가해자에게 집착하는가?

– 당신의 상황을 가해자와 계속 비교하는가?

– 상처가 인생관을 바꾸는가?

2단계 용서 결심하기

– 지금까지 해왔던 것이 효과적이지 않다는 것 인정하기

– 용서과정을 시작하기로 마음먹기

3단계 용서 작업하기

– 이해하려고 노력하기

– 열정 갖도록 노력하기

– 고통을 수용하기

– 가해자에게 선물주기

---

*참고도서 《용서치유》 Robert D Enright, 2004, 학지사

4단계 감정적 감옥에서 해방되기

- 고통의 의미를 발견하기

- 용서의 필요성을 발견하기

- 혼자가 아니라는 것 발견하기

- 삶의 목적을 발견하기

- 용서하면서 얻게 되는 자유로움을 발견하기

3

나도 행복한 교사가 되고 싶습니다

나와의 관계에서
일어나는 감정 살펴보기

다들 나를
우습게 봐요

투 / 사 /

장면 A

K고등학교 윤리교사 심민수 선생님께서는 1학년 교실에서 윤리와 사상을 수업하고 있었습니다.

"아리스토텔레스, 아퀴나스, 베이컨 모두 인간과 자연의 관계에서 누구의 권리를 강조하죠?"

"인간이요."

"그럼… 이와는 다르게 인간만이 아니라 동물의 권리까지 생각한 사람들이 있었죠. 누구…인지는 석현아…. 네가 대답해볼까?"

반 모두의 이목이 2분단 뒷줄 석현에게 집중되었습니다.

"크크크. 쟤, 또 잔다."

반에서 웃음소리가 울려 퍼졌습니다.

맨 뒷줄의 석현이가 엎드린 것도 아니고 고개를 뒤로 젖히고 입을 벌린 채 졸고 있었습니다.

"야. 쟤 이름이… 석현이였지? 좀 깨워라….."

"석현아, 일어나…."

석현이는 깜짝 놀라 눈을 떴습니다. 심민수 선생님은 매번 졸다가 걸리는 석현이의 모습에 짜증이 일었습니다.

"석현이. 일어서고… 이게 몇 번째니? 얘들아. 석현이는 다른 시간에도 매번 졸다 걸리는 거니 내 수업만 이러는 거니?"

"원래 자주 걸려요."

"그래도 윤리시간이 특히 심해요."

아이들의 대답에 심민수 선생님께서는 짜증이 나기 시작했습니다.

"그래? 석현아. 너 유독 내 수업시간에만 조는 이유가 뭐냐?"

"… …."

"대답 안 해?"

"저… …그게…."

"뭔데?"

"저 이과 갈 거라서요."

"뭐라고?!!! 너 지금 뭐라고 했어?!!"

이번만은 꾹 참고 넘어가려 했던 심민수 선생님은 결국 들고 있던 책을 교탁에 내리쳤습니다. 부아가 뒤집히는 것이 느껴졌습니다.

장면 B

G고등학교 1학년 교실 황성환 선생님께서는 윤리와 사상을 수업하고 있었습니다.

"낙태에 대해 칸트는 어떻게 생각했을… 야, 희철아. 너 책 아래 있는 거 뭐냐?"

황성환 선생님은 희철이의 교과서를 들어 봤습니다.

"또 수학문제집이냐? 학원숙제?"

"네…."

"이게 몇 번째냐…. 너 또 걸리면 이번에는 압수한다고 했지?"

"네…."

황성환 선생님은 윤리시간에 계속 수학문제집을 푸는 희철이에게 짜증이 났습니다. 동시에 학교에서까지 학원숙제를 해야 하는 희철이가 불쌍해 마냥 화를 낼 수가 없었습니다. 황성환 선생님은 한 번 더 마음을 다스리고 말합니다.

"휴… 진짜 이번만 봐줄 테니 집어넣어라. 다음에는 정말 압수한다?"

"네…."

심민수-황성환 선생님의 차이는 무엇일까?

———

앞서 말씀드렸듯이 수업붕괴는 교사의 탓이 아닙니다. 우리 사회 전반의 시스템에 관한 문제를 교사가 전적으로 책임지고 있는 상황입니다. 이런 힘겨운 여건에서도 많은 선생님들이 포기하지 않고 성심을 다해 노력하고 있습니다. 진심 어린 노력은 필연적으로 실망, 상심을 불러옵니다. 때로는 억울함, 분노를 가져오기도 합니다. 학생들에게 최대한 부담을 주지 않고 재미있게 수업을 진행하려고 하는데도 대놓고 자는 학생, 영어·수학 문제집을 푸는 학생을 보면 낙담할 수밖에 없습니다.

그럼에도 불구하고 이런 상황을 더 못 견디는 교사가 있습니다. 심민수 선생님은 매번 화를 참을 수 없어 폭발시킵니다. 심민수 선생님과 비슷한 일을 겪은 황성환 선생님도 역시 실망하고 짜증도 났지만 상대적으로 쉽사리 감정을 정리한 모습과는 대조적입니다. 황성환, 심민수 선생님의 차이는 어디에서 비롯될까요? 비밀은 당연히 두 선생님의 심리에 있습니다.

심민수 선생님의 마음속에서 일어난 '투사'

———

많은 선생님들이 수업붕괴를 겪으며 절망에 빠집니다. 몇몇 선생

님은 그 절망을 '아이들이 잠을 자는 것은 내가 수업을 못해서야. 이 세상에 윤리, 미술, 음악이 무슨 쓸모 있어, 난 쓸데없는 걸 가르치는 교사야.' 같이 자신의 탓으로 돌립니다. 심민수 선생님이 이런 경우였습니다. 심선생님의 마음속에는 자신을 비난하는 자책감이 자리 잡고 있었습니다. 이 자책감은 주변 상황을 영양분 삼아 더 커지고 더 강하게 심선생님을 괴롭힙니다.

난 능력 없고 쓸모없는 교사야. → 분명히 저 학생도 나를 무능한 교사라고 생각하는 게 틀림없어. → 난 모두가 인정하는 쓸모없는 교사야.

위의 과정을 심리학에서는 투사(projection)이라고 부릅니다. 프로젝트(project)란 영어단어에는 흔히 아는 '기획하다'란 뜻 외에도 '예상하다'란 의미와 함께 '발사하다'란 의미가 있습니다. 재밌게도 이 두 가지 뜻을 조합하면 심리학에서 쓰이는 '투사'를 묘사할 수 있습니다.

'내 생각을 타인에게 발사한다, 그리고 타인도 나같이 생각할 거라고 예상한다.'

즉, 남도 나와 같은 생각을 할 거라고 믿는 심리가 투사입니다. 투사는 유아기에 보호자와의 공생경험에서 비롯됐다고 여겨집니다.

웃음을 짓는 2살짜리 아기는 엄마를 보며 '우리 엄마도 나 같이 기분이 좋아.'라고 생각합니다. 울고 있을 때도 마찬가지입니다. 엄마도 나처럼 슬플 거라고 믿습니다. 시간이 흘러 성장해야만 나와 타인의 감정은 별개라는 사실을 깨닫게 됩니다. 하지만 아무리 나이를 먹어도 달콤했던 엄마(보호자)와의 공생경험을 완전히 포기하지 못합니다. 내 앞에 마주한 '이 사람'이 나와 같은 생각, 감정을 느낄 거라는 소망을 버리지 못하는 것입니다. 즉 모든 인간은 누구나 의식적으로 혹은 무의식적으로 투사를 사용합니다.

기쁨, 행복 같은 긍정감정을 투사할 때는 큰 문제가 되지 않습니다. 반면 자신에 대한 부정적인 자아상이 주변에 투사될 때 상처는 더 깊어집니다*.

'난 수업을 못해.' → '학생들은 내가 수업을 못한다고 생각해.'

'나는 못생겼어.' → '남편은 날 못생겼다고 생각해'

'난 내가 싫어.' → '동학년 선생님들은 날 싫어해'

---

*투사는 다양한 심리적인 문제를 일으키는 방어기제입니다. 나의 마음속에 부끄러운 점들을 상대방에게 덮어씌울 때(사실은 내가 질투를 했으면서 상대방이 질투한 거라 생각할 때), 내 잘못을 남의 탓으로만 돌릴 때(내가 짜증냈으면서 상대방이 짜증냈기 때문이라고 생각할 때), 혹은 내 장점을 상대방이 가지고 있는 것으로 보며 상대방을 지나치게 이상화하고 자신을 열등하게 생각하는 경우도 있습니다.

이 외에도 교사—학생 관계에서 느끼는 다양한 부정적인 감정들이 투사와 연관됐을 수도 있습니다. 예를 들어 주현이라는 학생이 나를 미워한다는 생각이 든다면 사실 선생님께서 주현이를 너무 미워하는 것일 수도 있습니다. 내가 주현이를 미워하니까 당연히 주현이도 나를 미워할 거라 투사하는 것이지요. 반대로 나를 좋아한다고 여겨지는 지혜도 사실 선생님께서 지혜를 좋아하기 때문에 투사하는 것일 수도 있습니다.

내 생각과 같다는 착각에서 벗어나려면? 투사에서 벗어나는 방법

방법 1.

투사의 본질은 '자기중심적 착각'입니다. 착각이 만든 오해가 심민수 선생님의 마음을 상처내고 분노, 짜증, 열등감을 만드는 것입니다. 투사의 함정을 벗어나는 첫 번째 방법은 자신의 부정적인 착각을 먼저 의심해보는 것입니다. 그리고 현실적인 대안을 생각해보세요. 꾸벅 졸던 석현이는 심선생님을 무시해서가 아니라 정말 졸려서 잔 것일 수도 있습니다. 그리고 윤리 과목을 무시한 것이 아니라 그저 대학 입학을 위해 전략적인 선택을 한 것이지요. 사실 석현이는 윤리를 좋아하지만 어쩔 수 없이 대입을 위해 포기했을 수도 있습니다. 황성환 선생님은 이런 생각들 덕분에 희철이에게 화내지 않을 수 있었습니다. 심선생님도 황선생님처럼 '학생이 나를 무시한다.'는 생각을 먼저 의심해보고 '무척 졸렸을 것이다. 대입을 위해 나름 합리적인 선택을 한 것이다.'라는 대안을 떠올렸다면 화가 조금 누그러졌을 것입니다.

나의 착각(투사) 고쳐보기

부정적인 투사	현실적인 대안
예) 학생이 수업 중에 잠자다니, 내 수업이 지루한 게 틀림없다.	학생이 오늘따라 피곤하다, 그 학생은 다른 수업시간에도 자는 학생이다.

방법 2.

투사를 벗어나는 두 번째 방법은 자기위안입니다. 투사란 부정적인 착각은 대부분 선생님의 상처경험에서 나옵니다. 우리는 모두 즐겁고 감동을 주는 수업을 위해 애썼지만 비참히 외면당한 경험을 가지고 있습니다. 좌절이 크면 클수록 자괴감 역시 커집니다. 나도 모르게 스스로 자책하고 무시하게 됩니다. 이 자괴감, 자책감이 자연스레 남들도 나를 싫어할 거란 망상을 만들어내는 것입니다. 이 같은 고통의 굴레를 벗어나는 길의 시작점은 '내 능력 밖의 일은 어쩔 수 없지. 그래도 노력하는 내가 대단해.' 같이 선생님을 스스로 인정하고 위로해주는 것입니다. 앞서 말했듯이 이런 상황은 대한민국의 사회구조와 교육제도 탓이지 선생님의 잘못이 아닙니다. 선생님의 노력에도 사회적인 장벽을 넘을 수 없었던 것뿐입니다. 너무 잘 알고 있지만 괴로워하는 선생님들이 많습니다. 괴로워하고 있다는 것 자체가 훌륭한 교사라는 증거입니다. 또한 이런 힘든 상황에서도 나름의 노력을 멈추지 않으려는 분투는 존경받아야 마땅합니다.

자기 위로

예) 내 능력 밖의 일은 어쩔 수 없지. 그래도 한 학생이라도 잘 가르치려 수업을 준비하는 내가 대단해. 00야, 정말 수고했어.

방법 3.

사실 투사에서 벗어나는 근본적인 방법은 따로 있습니다. 이 방법은 투사뿐만 아니라 대부분의 부정적인 심리역동에 대한 치료법입니다. 그것은 부정적인 자아상을 긍정적인 자아상으로 바꾸는 일, 즉 자존감(자아존중감)의 회복입니다. 자존감에 대한 자세한 이야기는 다음 장으로 넘기려 합니다.

'착각은 짧고 오해는 길다.
그리하여 착각은 자유지만 오해는 금물이다.'

2015년 가장 재밌게 봤던 드라마 '응답하라 1988'에 나왔던 대사입니다. 위의 말처럼 착각 그 자체는 해롭지 않습니다. 하지만 착각에게 붙은 오해라는 절친이 우리를 괴롭힙니다. 자신을 진심으로 아낄 때 착각은 오해로 흐르지 않을 것입니다.

나도 당당해지고
싶습니다

선생님의 자 / 아 / 존 / 중 / 감 /

"정조가 죽고 순조가 10살… 아니… 11살…… 그러니까 정조가 죽은 다음
에 순조가 11살에… 정조가 죽고… 순조가… 11살에…… 그래서…… 정조
가…."

중학교 2학년 역사를 가르치고 계신 강추경 선생님은 말을 잇지 못했습니
다. '또 시작됐구나…'란 생각이 들었습니다. 눈앞의 몇몇 학생들은 아예 대
놓고 등을 보이며 떠들고 있었고, 몇몇은 벌떡 일어나 교실 뒤쪽을 돌아다니
고 있었습니다. 앉으라고 하면 "쓰레기를 버리는 건데요."라며 깐죽거릴 뿐
계속 서 있습니다. 이런 상황이 찾아오면 강선생님의 머릿속은 새하얘집니다.

마치 현실이 아닌 듯 꿈을 꾸는 것처럼 느껴집니다. 떠듬거리며 했던 말을 계속 반복합니다. 이번만은 버텨보려 했지만 결국 강선생님은 그대로 주저앉아 버렸습니다. 그리고 울었습니다. 그럼에도 학생들에게 큰 동요는 없습니다. 그동안 강선생님의 눈물을 너무 자주 봐왔기 때문입니다.

"아휴···."

"야··· 뒤에 좀 자리에 앉아라···."

교실 곳곳에서 한숨소리가 들려옵니다. 몇몇 아이들이 나서서 아이들을 진정시킵니다. 강선생님은 이런 학생들을 보면 고마움보다 먼저 '내가 얼마나 못났으면 학생이 대신 저럴까···' 하는 수치심이 듭니다. 그래도 교실이 조용해졌습니다. 이에 힘을 얻어 강추경 선생님은 눈물을 닦고 일어났습니다. 32개의 눈이 모두 강선생님에게 꽂혀 있었습니다.

'여기서 또 더듬으면 어떡하지?'

불안감이 덮쳤지만 강선생님은 이를 악물었습니다.

"정조··· ··· 정조가 죽고 순조가··· ··· 11살 때 즉위합니다."

한바탕 운 덕분인지 정신이 돌아온 것 같습니다. 천만다행히도 더듬대지 않고 말이 이어졌습니다.

"그리고 영조비의 수렴청정이 시작되지만 사실상··· 신하들의 세상이 시작돼요. 그렇게 몇몇 세도가의 권력독점이 펼쳐져요. 이런 조선후기의 정치를 세도정치··· ···."

"딩동 댕동."

이제야 수업을 제대로 해보려는 순간, 종이 울렸습니다.

"아싸! 끝났다."

"야. 배고프다. 빵 때리러 가자."

"아, 지겨워 죽는 줄 알았네."

아직 강선생님의 말은 끝나지 않았지만 학생들은 당연하다는 듯이 모두 일어서 있습니다. 이미 학생들에게 수업은 끝난 것입니다. 한번 버럭 소리라도 지르고 싶지만 강선생님에게 그럴 용기는 없었습니다.

'내가 못나서 그런 건데… 누굴 탓해. 쟤들은 나를 어떻게 생각할까? 저건 선생도 아니라고 생각하겠지… ….'

강추경 선생님은 책을 챙겨 조용히 교실 문을 빠져나왔습니다. 3시간의 수업이 남았습니다. 오늘도 무척 긴 하루가 될 것 같았습니다.

수업이 두려운 선생님, 낮은 자존감이 악순환되고

'아무도 날 인정해주지 않아. 난 뭘 해도 안 돼. 내가
해봤자 다들 날 비웃을 거야. 남들에게 비난받는 일이
무서워. 죽기보다 싫어.'

자존감이 낮은 선생님들의 마음속에서 꼬리를 무는 생각들입니다. 자존감이 낮은 사람은 자신을 부정적으로 평가합니다. 또한 자

신의 부정적인 자아상을 투사해 남들도 자신을 비난할 거라 여깁니다. 자신감이 없기에 수업, 업무 등 난관을 마주했을 때 무조건 자신이 실패할 거라 예상합니다. 강추경 선생님께서 수업 중 난관에 부딪혔을 때 쉽게 좌절하는 이유가 여기 있습니다. 실패경험은 다시 자신에 대한 부정적인 평가를 강화합니다. 그리고 학생, 동료들이 자신을 우습게 볼 거라고 더욱 강하게 투사합니다. 이 악순환 때문에 자존감이 낮을 때는 학생, 동료와 관계를 맺는 것조차 쉽지 않습니다.

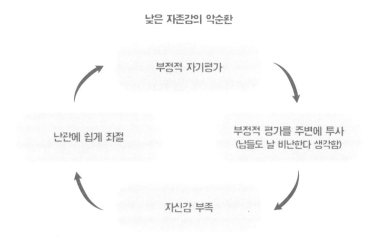

낮은 자존감의 악순환

부정적 자기평가

부정적 평가를 주변에 투사
(남들도 날 비난한다 생각함)

자신감 부족

난관에 쉽게 좌절

자존감의 정체는 무엇일까?

———

우리를 이렇게 괴롭히는 자존감이란 무엇일까요? 자존감은 자아존중감의 준말로서 '자신이 얼마나 가치 있고 긍정적인 존재인가'에 대한 개념입니다. 자존감이란 심리학 용어는 너무나 유명해져 이제는 일상에서도 흔히 듣는 말이 되었습니다. 하지만 의외로 학자마다 바라보는 관점과 해석이 제각각이라 그 세부사항이 완벽히 통합되지 않은 용어이기도 합니다.* 자존감에 대한 다양한 관점을 종합해 보면 자존감은 가치, 능력, 통제 이렇게 세 가지 차원으로 이루어져 있다고 합니다.**

가치 - 내가 얼마나 가치 있다고 생각하는지

능력 - 내게 맡겨진 과제를 완수할 수 있다고 생각하는 믿음

통제 - 내 주변에서 벌어지는 상황을 통제할 수 있다고 믿는 정도

———

*자아존중감이 자신에 대한 감정인지 아니면 평가인지 혹은 둘 다인지는 학자마다 정의가 다릅니다. 자아존중감이 자기비하, 타인과의 관계, 지도력, 자기주장 등 여러 가지 차원이 혼합된 개념(Coopersmith, 쿠퍼스미스)인지 자기가치감의 한 차원(Rosenburg, 로젠버그)의 개념인지도 학자마다 해석이 다릅니다.

**Curry, N. E., & Johnson, C.N. (1990). Beyond self-esteem: Developing a genuine sense of human value. In Research Monograph of the National Association for the Education of Young Children (Vol. 4). Washington DC: NAEYC.

저는 이 세 가지 차원 중 가치의 차원이 자존감의 가장 핵심이자 뿌리라 생각합니다. '자기가치감'이 높아야 능력, 통제의 자존감도 높아질 수 있기 때문입니다. 자기가치감을 높일 때 우리는 진정한 자존감을 회복할 수 있습니다.

진정한 자존감이란, 나를 목적으로 대우하는 것

'너 자신과 다른 모든 사람을 목적으로 대우하고
결코 수단으로 대우하지 마라.'

독일의 대철학자 임마누엘 칸트(Immanuel Kant)의 제2정언명령, 인간의 목적대우에 대한 명제입니다. 읽는 것만으로 가슴 벅차오르는 아름다운 명문이기도 합니다. 이 명제는 '인간이 절대적으로 따라야 할 무조건적 도덕법칙은 무엇인가?'란 질문에 대답하기 위한 칸트의 답입니다. 그런데 저는 이 말만큼 진정한 자존감의 본질을 표현한 구절은 없다고 생각합니다.

모든 인간은 수단이 아니라 그 자체로 목적입니다. 우리 집에 신상 옷을 배달해주는 택배기사는 택배라는 도구가 아니라 인간입니다. 주부는 가정 일을 하기 위한 존재가 아닌 인간입니다. 남편 역시 돈을 벌기 위한 존재가 아닙니다. 하지만 현대 사회는 과거 어느 시대보다 인간을 도구로 여깁니다. 인간은 자본을 생산, 유지하는 수단으로 취급되며, 자본을 생산하지 못하는 인간(실업자, 노인 등)은 평가절하당합니다. 특히 사회의 성숙도*가 낮을수록 인간을 돈, 수단으로만 재단하려 하며 인간 자체를 존중하지 않습니다. 더욱 슬픈 점은 이런 척박한 현대 사회를 사는 우리도 어느새 인간의 도구화에 물들어 버렸다는 사실입니다. 이 증거로, 우리는 아무도 강요하지 않았음에도 스스로 자처해서 자신을 수단으로 평가합니다.

'연봉이 5천만 원이 넘으니 난 훌륭한 사람이야.'
'우리 반 학생이 서울대를 갔으니 난 뛰어나.'
'아이들이 내 수업을 좋아하니 난 존재 가치가 있어.'
'교장, 교감선생님이 내 업무 능력을 인정해주니 난 대단한 사람이야.'

이 말들 모두 자신을 목적이 아닌 수단으로 가치를 매기는 생각들입니다. 이 생각의 가장 큰 해악은 우리의 진정한 자존감을 훼손시

---

*저는 장애인, 노인, 실업자, 가정주부, 어린이 등 노동, 자본을 생산하지 못하거나 못할 것으로 여겨지는 인간에 대한 사회의 인식과 대우가 그 사회의 성숙도를 나타내는 표상이라고 생각합니다.

킨다는 점입니다. 위의 말들을 뒤집어 생각해보면 알 수 있습니다.

'난 연봉이 5천만 원도 안 되니 난 훌륭하지 못해.'
'우리 반이 학생이 지방대에 갔으니 난 못났어.'
'아이들이 내 수업을 싫어하니 난 쓸모없어.'
'교장, 교감선생님이 날 인정해주지 않으니 난 필요 없는 사람이야.'

위와 같은 생각들이 강추경 선생님을 괴롭혔습니다. 수업을 못하고, 학생의 성적이 낮고, 관리자가 나를 인정해주지 않는다면 백 번 양보해 선생님을 못난 교사라 부를 수 있습니다. 하지만 선생님을 못난 인간이라 부를 수는 없습니다.

다시 말해, 선생님의 행동은 선생님의 직업적인 가치에 어느 정도 영향을 끼칠 수는 있습니다. 하지만 선생님의 행동은 선생님의 인간적인 가치에는 아무런 영향도 주지 못합니다.

나는 행동이 아니다

자존감은 어떤 일이 있더라도 내가 괜찮은 사람임을 믿는 힘입니다. 수업통제력, 업무능력 모두 선생님의 기능일 뿐입니다. 더구나 기능은 고정되어 있지 않고 변화하고, 성장합니다. 지금 당장의 실패, 실수는 발전을 위한 밑거름일 뿐입니다. 실패는 과정일 뿐 능력 자체와 동의어가 아닙니다. 그리고 수업과 업무는 선생님이 지닌 기능의 일면일 뿐입니다. 선생님께서는 요리실력, 유머감각, 운동신경, 가족과의 사랑, 손재주 등 선생님을 설명하는 다른 수많은 기능들을 지니고 있습니다.

이런 사실들을 제쳐놓더라도 근본적으로 부정할 수 없는 명제는, 선생님의 기능은 선생님의 타고난 인간적인 가치와 아무런 관계가 없다는 사실입니다. 이 명제는 교직기능에만 해당하지 않습니다. 가정일, 연봉, 운동, 성적, 직위, 지식 등 이 모든 것들은 그저 선생님이 지닌 특정분야의 기능을 설명할 뿐이지 그 무엇도 선생님이란 인간의 가치를 규정하지 못합니다. 선생님은 선생님의 행동이 아닙니다. 선생님은 선생님의 성과가 아닙니다. 인생에서 잠시 스쳐 지나가는 돈도, 외모도, 직업도, 명품가방도, 연인, 배우자 역시 선생님이 아닙니다.

그렇다면 선생님은 무엇일까요? 선생님은 바로 선생님입니다. 무한한 우주에서 단 하나뿐인 유일한 존재입니다. 이 넓은 우주의 그 무엇도 선생님을 대체할 수 없습니다. 선생님은 그 존재만으로 유일하고 고유하며 특별합니다. 지금 이 순간 꼭 한 번 소리 내어 외쳐주시기 바랍니다.

○○○*은 그저 행동일 뿐, 행동은 내가 아니야.
나는 우주에서 단 하나뿐인 유일한 존재야. 그 무엇도
나를 대신할 수 없기에 내 가치를 훼손하지 못해.

우리가 나와 행동을 구분 못하는 이유

나의 진정한 가치는 행동과 아무런 관련이 없음에도 우리는 행동으로 남과 나를 평가하고 재단하는 습성을 지녔습니다. 그 이유는 우리의 자존감이 만들어지는 과정에서 찾을 수 있습니다. 우리 인생에 지대한 영향을 미치는 자존감**의 많은 부분은 어린 시절에 함께한 중요한 어른(부모, 가족, 교사 등)과의 관계에서 만들어집니다. 삶의 모든 것을 어른들에게 의존해야 하는 시기에 아이들은 어른의 인정과 사랑을 받기 위해 온몸과 마음을 바쳐 노력합니다.

---

*수업이 힘든 것, 업무가 어려운 것 등 선생님을 힘들게 하는 행동을 넣어 말해주세요.
**자아존중감은 학령기 학업동기, 성적, 교우관계는 물론 성인기 자기통제능력, 사회적 관계, 성취, 삶의 행복도, 낮은 우울, 낮은 불안감 등 삶의 전반적인 질과 연관이 있음을 수많은 연구에서 보여주었습니다.

이 아이들의 노력에 대한 어른들의 반응이 아이의 자존감을 결정하는 가장 중요한 요인입니다. 즉각적인 반응, 애정, 따뜻한 눈빛, 칭찬, 격려가 긍정적인 자기상을 만든다면 방치, 냉담함, 비난, 폭력은 부정적인 자아상을 만듭니다. 그런데 어른들은 자신의 반응을 결정할 때 아이의 행동을 조건으로 내세웁니다.

'네가 공부를 잘해야 난 너를 좋아할 거야.'
'네가 어른 말을 잘 들어야 예뻐해줄 거야.'

이와 같이 어른은 아이에게 사랑을 볼모로 특정한 행동(고분고분함, 정숙함, 성적 등)을 직간접적으로 요구합니다. 행동의 성공 여부에 따라 아이들은 칭찬 혹은 비난을 받게 됩니다. 이 반응의 방향이 아이의 자아상을 결정해줍니다. 예를 들어 '전교 1등'과 같이 쉽사리 성공할 수 없는 목표를 강요받은 아이는 열등한 자아상을 가지게 되죠. 그리고 아래와 같이 자신의 행동, 기능이 자신의 가치를 결정한다고 생각하게 됩니다.

'내가 공부를 못하면 난 쓸모없어진다.'
'어른 말을 안 들으면 인정받지 못한다.'

인간중심상담이론의 창시자 칼 로저스(Carl Rogers)는 이것을 가치의 조건화(conditions of worth)라고 불렀습니다. 로저스는 가치의 조건화가 인간의 잠재력을 훼손시키며 자아에 대한 심각한 위협과 불안을 가져온다고 말합니다. 이 위협은 향후 정신질환의 원인이 됩니다.

진정한 자존감을 회복하는 방법

방법 1.

가치의 조건화에서 벗어나 진정한 자존감을 회복시키기 위한 첫 번째 방법은 타인의 평판에 거리를 두는 것입니다. 남의 평판이 나의 가치를 좌우한다는 믿음은 타인의 평판이 논리적이고 객관적일 거란 생각에서 기인합니다. 하지만 이 믿음은 조금만 생각해도 사상누각에 지나지 않음을 알 수 있습니다.

나와 매우 가까운 지인 소수를 제외한 타인의 평가 대부분은 '내게 잘하면 좋은 사람, 내게 못하면 나쁜 사람'의 범주에서 벗어나지 못합니다. 결국 남의 평판이란 '나에게 이익이 되느냐, 아니냐'에 따라 결정되는 주관적인 의견일 뿐 나의 진정한 가치를 평가하지 못합니다. 그렇기에 상황에 따라 '쟤는 왜 이리 나서냐? 쟤는 왜 아무 말도 못해?' 같이 남에게 타박받는 것이 오히려 훌륭한 행동을 하고 있다는 반증일 수 있습니다.

또한 인간은 다면적이고 복잡한 존재입니다. 장점, 단점, 부끄러운 점, 자랑스러운 점, 이상한 점, 훌륭한 점이 어지럽게 혼재해 있습니다. 필경 타인의 평가는 전체는 모른 채*, 나의 편린만을 가지고 고집하는 맹인모상(盲人摸象, 장님이 코끼리를 만지고 평가하다)의 우를 범하는 일입니다. 장님의 평가는 그저 내 일면에 대한 한 가지 의견으로 받아들이세요. 하지만 그것이 내 전체 가치를 폄훼하도록 용납해선 안 됩니다.

방법 2.

진정한 자존감을 회복시키기 위한 두 번째 일은 나 스스로의 평가에 거리를 두는 일입니다. 그 방법은 이미 말씀드렸던 선생님의 행동과 진정한 가치를 분리시키는 것입니다. 타인은 물론이고 나도 나를 함부로 평가해서는 안 됩니다. 선생님은 선생님입니다. 수업도, 업무도 선생님이 아닙니다. 행동은 평가하되 내 존재까지 부정해서는 안 됩니다. 스스로 이루지 못한 일에 얽매어 자신을 평가절하하지 마세요. 내가 먼저 나를 아끼고 존중해주세요. 이 명제를 하루에

---

*자기 스스로조차도 자아의 모든 면을 다 알지 못합니다. 하물며 타인은 말할 것도 없습니다.

한 번씩 소리 내어 외쳐보면 어떨까요?

(   )*도 내가 아니다. 수업도 내가 아니다.
업무도 내가 아니다. 나는 나일뿐이다.
나는 우주에서 단 하나뿐인 유일한 존재야. 그 무엇도
날 대신할 수 없기에 내 가치를 훼손하지 못한다!

방법 3.

자존감을 회복시키는 세 번째 방법은 가치의 조건화에서 벗어나는 것입니다. 가치의 조건화는 기본적으로 관계의 상처에서 비롯됩니다. '사랑으로 받은 상처는 다른 사랑으로 치유된다.'라는 말처럼 관계의 상처는 관계를 통해서 진정한 치유가 가능합니다. 조건 없는 애정을 쏟아주는 지인이 그 열쇠입니다. 선생님의 옆에 있는 동료교사, 친구, 애인, 배우자 등 그 사람을 소중히 여겨주세요. 그리고 힘껏 사랑해주고 마음껏 사랑받으세요. 그 사이에 자존감은 어느새 많이 회복되어 있을 것입니다.

---

*평소 내가 나를 평가하는 데 중요하다고 생각했던 요소를 넣어 말해주세요. 예를 들어 교직과 관련해서는 일급 정교사연수 성적, 학생을 사로잡는 카리스마 등, 그 외에는 재산, 집, 친구의 숫자 등이 될 수 있습니다.

하지만 타인과의 관계는 반드시 한계가 존재합니다. 우선 현실적으로 조건 없는 애정을 주고받을 수 있는 관계란 극히 드뭅니다. 운 좋게 순수한 사랑을 경험하는 행운을 가졌다 해도 흘러가는 시간, 현실의 장벽 앞에 빛은 바래기 마련입니다. 내 통제 밖에 있는 타인과의 관계는 근본적인 해결책이 될 수 없습니다. 그럼에도 불구하고 관계가 진정한 치유란 말은 여전히 유효합니다. 우리에게는 현실의 벽에 관계없이 통제가능한 관계가 있기 때문입니다. 이 관계는 노력 여하에 따라 영원히 유지하는 일도 가능합니다. 그 관계란 바로 '나와의 관계'입니다.

방법 4. 나와의 관계

타인의 평가나 관계에 내 자존감을 전적으로 맡기는 일은 필시 비극으로 끝납니다. 곳곳에 권태, 실망, 상처라는 지뢰가 존재하기 때문입니다. 하지만 나와의 관계는 다릅니다. 영원히 지속되며 선생님을 배신하지 않을 것입니다.

나와의 관계 역시 앞서 말씀드린 바와 같이 가치의 조건화를 벗어난 무조건적인 사랑이 전제되어야 합니다. 나의 직업, 연봉, 외모, 능력, 기능 등은 내 가치를 흥정하는 조건이 될 수 없습니다. 아무 조건 없는 본연의 나를 사랑해야 합니다. 문제는 구체적인 방법입니다.

방법 4-1.

나를 사랑하는 첫 번째 방법은 내 몸을 사랑하는 일입니다. 수면 부족, 과로, 불규칙적인 식사, 운동부족 모두 자신의 건강을 해치는 일입니다. 높은 우울감에 고생하는 환자가 정신과에서 가장 먼저 받는 처방이 바로 충분한 수면, 규칙적 식사, 운동이라고 합니다. 자신의 몸을 소중히 하는 것만으로도 자기애를 회복할 몸과 마음의 여유를 찾게 해줄 것입니다.

내가 하고 있는 내 몸을 아끼는 행동	내가 하고 있는 내 몸을 해치는 행동
예) 아침 매일 먹기	예) 스마트폰으로 인한 수면 부족

방법 4-2.

누군가에게 홀딱 반해버렸을 때 우리는 어떻게 행동을 할까요? 바로 그를 행복하게 해주려고 노력합니다. 마찬가지로 자신을 사랑한다면 자신을 행복하게 만들어주어야 합니다. 두 번째 방법은 나를 행복하게 만드는 일입니다. '무슨 뜬구름 잡는 이야기일까?' 생각하실 것입니다. 이 이야기는 다음 장에서 더 상세히 설명 드리겠습니다.

우리는 소중하다

————

선생님이 힘들고 괴로운 나날을 보내는 것은 선생님이 너무 착해서일지도 모릅니다. '엄마, 아빠를 기쁘게 해드리고 싶다.'는 순수한 마음이 지금 괴로움의 발단일 수 있습니다. 하지만 더 이상 어른들의 마음에 들려고 애쓸 필요 없습니다. 행동, 조건 때문에 나를 비난하거나, 타인의 평가에 나를 맡기거나, 남의 마음에 들기 위해 필요 이상으로 나를 희생하는 일은 당당히 거부하셔야 합니다. 그럴 용기와 여유를 전국의 모든 강추경 선생님께서 얻게 되길 기원합니다. 당신은 당신이기 때문에 당신입니다.

마지막으로 사지가 없이 태어났지만 누구보다 높은 자존감을 가지고, 누구보다 즐겁게 삶을 누리는 호주의 연설가 닉 부이치치(Nick Vujicic)의 말로 이 장을 마치고자 합니다.

"우리는 다 다르게 생겼기 때문에 아름답습니다.
그래서 당신이 어떤 모습이든, 당신은 소중하고
아름답습니다."

학교도, 일상도 지루할 뿐
나는 불행합니다

10년차 교사인 박성표 선생님은 학교 가는 것이 편치 않습니다. 학교를 옮기고 신규교사 딱지를 뗀 덕분인지 업무도 훨씬 수월합니다. 새로 옮긴 학교는 소위 인기 학군으로 아이들도 다루기 쉬웠습니다. 그럼에도 불구하고 박선생님은 신나지 않았습니다. 수업과 아이들에게 쏟았던 열정은 온데간데없고 하루 준비해 하루 수업하는 하루살이로 살고 있었습니다. 수업이 많은 날은 정말 발이 떨어지지 않았습니다. 업무, 학생, 학부모 모두 성가시고 귀찮기만 합니다. 그저 방학까지 얼마 남았나만 세고 있습니다. 박선생님은 이런 무기력하고 우울한 마음을 주변에 속 시원히 털어놓고 싶었지만 그러지도 못했습니다. 가족, 친구도 돌아오는 답은 모두 똑같을 게 분명하기 때문입니다.

"야, 요즘 그런 직장을 어디서 구하냐? 네가 배가 불러서 그래. 일반직장 다니는 사람들이 얼마나 힘든데? 투덜대지 말고 다녀."

이런 핀잔이나 듣느니 차라리 입을 닫고 있는 편이 훨씬 낮았습니다. 어디 터놓을 곳도 없으니 더 답답합니다. 박성표 선생님께 교직은 괴롭기만 한 자리였습니다.

"선생 똥은 개도 안 쳐다본다."는 옛말이 있습니다. 아이를 가르치는 일이 너무 힘들어 똥에서조차 쓴맛이 나기에 개도 피한다는 의미의 속담입니다. 교육은 옛날이나 지금이나 여전히 고된 여정입니다. 너무 지쳐 가끔은 모든 걸 던져버리고 떠나고 싶을 만큼 괴롭습니다. 남들이 뭐라고 하든 "나는 지쳤다!"고 당당하게 외쳐야 합니다. 그리고 휴식을 취해야 합니다. 그렇게 조금의 에너지가 충전됐다면 교사의 행복은 무엇인가에 대해 저와 함께 생각해보면 어떨까요?

우리가 흔히 말하는 행복

우리 사회가 일반적으로 정의하는 행복이 무엇인지 한 장의 사진으로 알 수 있습니다. 써도 써도 마르지 않는 돈, 산해진미, 비싼 술, 멋진 남자, 여자와의 데이트 등 우리는 일반적으로 자극적이고 흥분되는 이벤트가 우리를 '행복'으로 이끈다고 생각합니다. 그러나 심리학에서는 이 쾌감정과 행복을 동일하게 보지 않습니다. 쾌감정은 행복을 구성하는 일부분일 뿐입니다.

쾌감정이 곧 행복이 될 수 없는 이유는 지속성에 있습니다. 로또에 당첨되면 평생 소원이 없을 것 같다는 생각, 누구나 한 번쯤 해보셨을 것입니다. 이 생각을 증명하기 위해 실제 미국에서 백만 달러 이상 수령한 로또 당첨자들을 대상으로 행복에 관한 조사연구를 진행한 바 있습니다. 연구결과는 우리의 통념과 많이 달랐습니다. 당첨자들의 행복도는 당첨 후 급격히 상승했다가 6개월이 채 못 되어 급격히 떨어지는 것으로 관찰되었습니다.* 연봉도 마찬가지였습니다. 연봉은 행복도를 증가시켜 줬지만 일정금액을 넘으면 연봉이 오히려 행복도를 떨어뜨리는 요인으로 작용했습니다.** 이렇듯 쾌감정은 안정적인 행복과는 거리가 멀었습니다.

---

*참고도서《긍정심리학》Martin E. Seligman, 2009, 물푸레
**참고도서《긍정심리학》Martin E. Seligman, 2009, 물푸레

일시적인 행복을 쾌락(pleasure)이라 부릅니다. 뇌 쾌락중추의 직접적인 자극을 통해 느끼는 행복으로 대부분 순간적이고 찰나적인 즐거움으로 끝납니다. 쾌락을 얻을 수 있는 대표적인 활동으로 도박, 마약 등을 들 수 있습니다. 도박, 마약은 고작 몇 시간의 쾌락 때문에 인생 전체가 망가지기도 하죠. 짧은 시간에 나타났다 사라지는 신기루 같은 쾌감, 더 나아가 삶을 망칠 수 있는 쾌락이 우리가 진정으로 바라는 행복은 아닐 것입니다.

심리학에서 말하는 행복

'진정한 행복이 무엇인가?'란 질문을 최근 가장 활발히 연구하고 있는 심리학 분야가 있습니다. 이것을 '긍정심리학(Positive Psychology)'이라고 부릅니다. 긍정심리학의 창시자이자 미국 펜실베니아 대학의 마틴 셀리그만(Martin E. P. Seligman)은 '진정한 행복이란 무엇인가'에 관해 오랜 시간 연구한 심리학자입니다. 그는 인간의 행복을 연구하면서 흥미로운 모순을 발견합니다. 일반적인 통념상 인간은 돈, 쾌락 같은 보상이 기대될 때 움직이고 고통이 예상되면 기피합니다. 하지만 일견 아무런 보상 없이 고통만 주는 일에도 인간은 자발적으로 온 힘을 쏟는다는 사실을 깨닫습니다. 예를 들어 늙어가는 부모의 뒷바라지는 매우 고되고 보상 또한 없는 경우가 많습니다. 또한 '국경없는 의사회'의 의사들 또한 아무런 보상 없이 금전적인 손해를 감수하며 오지로 떠나곤 합니다. 그들은 고통스럽다 여겨지는 일을 하면서도 "나는 행복하다."고 말합니다. 셀리그만은 이러한 모순점을 통해 단순히 쾌락이나 긍정 정서만으로는 행복을 정의할 수 없다는 사실을 깨닫습니다. 인간은 누가 시키지 않아도, 아무런 보상 없이도, 심지어 고통이 따른다 해도 그 자체가 좋아서 추구하는 무언가가 있으며 이 무언가가 삶을 풍요롭게 만든다고 주장합니다. 셀리그만은 오랜 연구 끝에 이를 종합해 행복의 5가지 요소*를 찾아냅니다.

1. 긍정 정서(positive emotion) : 기쁨, 즐거움, 만족감, 희열 등
2. 몰입(engagement) : 완전히 집중해 있는 상태
3. 인간관계(relationship) : 가족, 친구, 동료 등 타인과의 긍정적인 관계
4. 의미(meaning) : 자신이 중시하는 미덕과 가치를 삶 속에서 실현
5. 성취(accomplishment)** : 주관적인 성공, 승리, 업적 등

---

*참고도서 《플로리시》 Martin E. P. Seligman, 2011, 물푸레
**여기서 말하는 성취는 사회적 성공이 아닌 주관적인 성취를 의미합니다. 다이어트, 우표수집, 카드게임의 승리도 주관적인 의미만 있다면 성취에 속합니다.

이 다섯 요소는 무언가를 이루기 위한 수단이 아니라 그 자체가 목적으로 기능합니다. 그저 좋아서 행동하게 만드는 것들이지요. 앞서 얘기했던 늙은 부모를 모시는 자식, 위험지역에서 하는 의료봉사는 어떤 보상을 위한 수단이 아니라 의미(효, 인류애를 실천하고자 하는 마음)와 인간관계를 추구하기 위한 행동입니다. 그 속에서 긍정 정서, 성취, 몰입의 상태를 경험했을 것입니다. 셀리그만은 이 5가지 요소가 고루 구축됐을 때 풍요롭고 번영하는 삶, 즉 웰빙(well-being)*을 누릴 수 있다고 말합니다. 셀리그만이 이야기하는 진정한 행복이란 순간적인 기쁨, 쾌락과는 거리가 멉니다. 그가 주장하는 행복이란 보다 근본적이고 인생 전체를 관통하는 풍요로운 삶 그 자체입니다.

행복하기 위한 노력

'행복하기 위해서는 로또뿐이다. 맛있는 것을 먹어야 한다. 멋진 가방, 차, 집, 배우자를 가져야 한다.' 이것들이 우리가 가진 행복에

---

*셀리그만은 행복(happiness)란 단어를 사용하길 꺼려했습니다. 행복이란 단어는 일반전으로 유쾌한 기분과 혼용되어 쓰이기 때문입니다. 또한 기분은 그날의 상황에 따라 널뛰기를 됩니다. 셀리그만이 말하고자 했던 행복은 보다 삶 전체를 관통하는 개념이었기 때문에 셀리그만은 행복이란 단어를 버리고 웰빙(well-being, 안녕함, 풍요롭고 번영하는 삶)이란 단어를 차용합니다. 하지만 이 글에서는 독자들에게 익숙한 '행복'이란 단어를 사용하도록 하겠습니다.

관한 통념입니다. 셀리그만은 이런 행복에 대한 상식을 뒤집고 행복의 개념을 확장시킵니다. 일반적인 행복이란 순간적인 쾌락인 경우가 많으며 쾌락은 행복의 일부분일 뿐입니다. 지속가능한 진정한 행복을 누리려면 쾌락 외에도 몰입, 인간관계, 의미, 성취가 고루 달성되어야 합니다.

저는 셀리그만의 행복에 관한 이야기를 읽고 저의 행복에 대해 곰곰이 생각해보았습니다. 저는 컴퓨터 게임, 옷 쇼핑을 좋아했었습니다. 분명 게임, 쇼핑을 할 때는 무척 기분이 좋고 행복하다고 느꼈습니다. 하지만 게임이나 쇼핑으로 흘려보낸 시간 뒤에는 왠지 모를 허망함이 찾아왔었죠.

'분명히 즐거운데 끝나면 찜찜해. 게임, 쇼핑이란 것이 진짜 나를 행복하게 만들어주는 걸까?'

저는 이 질문에 오랜 시간 동안 해답을 내지 못했습니다. 이 의문은 셀리그만의 이야기를 듣고 나서야 풀렸습니다. 게임, 쇼핑은 제게 긍정 정서와 몰입은 주었지만 인간관계, 의미, 성취는 주지 못했던 것이었습니다.* 이것이 제 허무함의 정체였고 의미, 성취를 중요

---

*누군가는 게임, 쇼핑을 통해 인간관계, 성취, 의미를 느낄 수도 있습니다. 이 요인들을 만족시키는지는 어디까지나 주관적인 평가에 따릅니다. 게임, 쇼핑이란 활동에 대해 저와 남들의 평가는 다를 수 있습니다. 다만 저는 게임, 쇼핑을 통해 인간관계, 성취, 의미를 느끼지 못했을 뿐입니다.

시하는 제게 게임, 쇼핑은 반쪽짜리 행복밖에 주지 못했던 것이었습니다. 큰 업무를 마친 후, 혹은 기말시험이 끝난 후에 즐기는 여가시간과 마냥 한가로이 보내는 여가시간이 다르게 다가오는 이유도 알 것 같았습니다.

저는 셀리그만의 이야기에서 한 가지 더 깨달은 점이 있습니다. 인내가 수반되지 않고서는 행복하기 힘들다는 사실입니다. 단순히 긍정 정서나 몰입은 큰 노력 없이도 취할 수 있는 방법이 존재합니다. 음식, 술, 담배, 쇼핑, 게임 등이 여기에 속합니다. 하지만 인간관계, 의미, 성취는 그렇지 못합니다.

관계 가족, 친구, 애인, 동료 등 누군가와 깊은 관계를 맺기 위해서는 노력이 필요합니다.

의미 불의와 싸우는 정의감, 어려운 사람을 도우려는 측은지심, 어떤 일이 있어도 지키고 싶은 사랑, 우정, 인류애, 애국심, 종교적인 믿음 등 자신에게 의미 있는 신념, 가치를 달성하는 일에는 자기희생이 뒤따릅니다.

성취 단 1kg의 몸무게를 줄이려는 작은 목표도 노력 없이는 성취할 수 없습니다.

'행운과 행복의 다른 점은 스스로의 노력이다.'라는 옛 격언처럼 진정으로 행복한 삶을 살기 위해서는 노력, 즉 어느 정도의 인내, 고통이 불가결합니다. 선생님께서 만약 지금 불행하다고 느낀다면 자신에게 이런 질문을 던져보면 어떨까요?

'나는 행복이 나무에서 뚝 떨어지기만을 기다리고 있지는 않은가? 나는 과연 행복하기 위해 얼마나 노력하고 있는가?'

나는 지금 행복하기 위해 무엇을 하고 있을까?

행복의 요소	나의 활동들
긍정 정서	
몰입	
인간관계	
의미	
성취	

가르친다는 것,
교사로서 행복해지고 싶어요

교사의 행 / 복 /

교사들이 학교에서 보내는 시간은 보통 8시간 이상입니다. 여기에 보충학습이나 야근이 더해지면 10시간 이상 근무할 때도 많습니다. 우리는 깨어 있는 시간의 2/3 이상을 학교에서 보냅니다. 하루의 2/3가 괴로우면서 인생이 행복해지길 바라는 건 어불성설일 것입니다. 쉽진 않겠지만 학교에서 행복을 찾기 위해 노력할 필요가 있습니다.

앞에서 이야기한 내용에 비추어 "의미 있는 목표를 세워 몰입하고 성취해라. 그렇게 노력하고 고생해야 행복해질 수 있다."라는 자기

계발서에나 나올 법한 노력론을 말하겠구나 생각하는 분도 있을 겁니다. 혹은 요즘 유행하는 "젊은 애들이 노오력을 안 해."라는 말처럼 "미래의 행복을 위해 현재를 희생하고 인내하라."고 말할 거라 생각할 수도 있겠죠. 하지만 제가 말하려는 노력은 조금 다릅니다. 결론부터 말씀드리면 지금부터 제가 말하고자 하는 노력이란 '나를 찾는 노력, 즉 자신의 정체성을 찾는 노력'입니다. 저는 이것이 교사의 행복을 위해 가장 힘써야 할 과업이라 생각합니다. 이것을 설명하는 데에는 구구절절한 설명보다는 구체적인 이야기가 더 효과적일 것입니다.

이혜선 선생님의 이야기
———

"얘들아. 내가 어제 프랑스에서 온 손님들 때문에 잠을 못 잤어. 얼마나 나를 귀찮게 하던지…."

"와~ 프랑스에서요?"

"응, 정말 이 프랑스 녀석들을 하루 종일 잡느라 정신이 없었지. 왜 너희들 집에도 왔잖아."

"???"

"왜 그 친구들 너희들 집에도 갔잖아. 프랑스에서 온 조끄마하고 시꺼먼 손님… 왱왱거리는…."

"~~아~~ 진짜… 파리요?"

"그렇지."

"우~~완전 아재개그."

"크크크, 너희들도 웃었잖아. 그럼 1789년 프랑스 파리에서는 어떤 일이 벌어졌지?"

"프랑스 혁명이요!!"

이혜선 선생님께서는 3대가 모여, 10명이 함께 사는 대가족의 6남매 중 막내로 자랐습니다. 항상 온 가족의 사랑과 귀여움을 받으며 자랐습니다. 특히 할머니의 사랑을 독차지했었는데 이선생님도 그런 할머니를 무척 사랑했습니다. 할머니는 이선생님의 시시한 농담도 자지러지게 웃어주었습니다. 그래서 그런지 몰라도 이선생님은 웃음이 많았습니다. 또한 주변 사람들을 웃게 만드는 일을 즐겼습니다. 이선생님은 수업 중에도 항상 수많은 우스갯소리를 던집니다. 아이들이 웃어주면 자기도 모르게 흥이 나고 기운이 솟습니다. 수업을 준비하면서도 중간에 던질 농담들을 생각하면 신이 납니다. 동료교사들 사이에서도 마찬가지였습니다. 동료 선생님들은 이선생님을 분위기 메이커로 여깁니다. 이혜선 선생님도 선생님들이 즐거워하는 모습을 보고 행복을 느낍니다.

박성표 선생님의 이야기

─────

"경원아, 무슨 일이 있었는지 선생님에게 이야기해줄래?"

경원이는 고개를 숙인 채 아무 대답이 없었습니다.

"경원아, 선생님은 경원이를 도와주고 싶어."

"… … ."

"경원아, 재성이, 신기 때문에 경원이가 많이 괴롭고 힘들었던 것 알고 있어. 그리고 선생님은 무슨 일이 있어도 경원이 편에 설 거야."

"… 그게요…. 선생님…."

박성표 선생님은 어릴 때부터 경찰인 아버님을 마음 깊이 존경했습니다. 비록 높은 직위에 있지는 않으셨지만 은퇴한 후에도 도움받았던 사람들이 아직도 집을 찾을 만큼 주변을 돌보는 데 헌신하신 분이셨습니다. 박선생님은 어렸을 때부터 그런 아버지를 바라보며 자신도 약자를 보호하는 정의로운 삶을 살겠다고 결심했습니다. 그러나 결심과 현실은 달랐습니다.

박선생님의 중학교 시절, 깡패 같은 무리에게 심한 왕따를 당하는 친구가 있었습니다. 박선생님은 어떻게든 그 친구를 도와주고 싶었지만 자신도 왕따가 될 수 있다는 두려움에 굴복해 결국 손을 내밀지 못했습니다. 이 경험은 박선생님의 마음에 큰 짐으로 남아 있습니다.

그런 박성표 선생님에게 교사로서 가장 중요한 일은 평등하고 평화로운 교실을 지키는 것이었습니다. 박선생님은 혹시 왕따, 괴롭힘을 당하는 학생은 없나 항상 살폈습니다. 힘을 함부로 휘두르는 학생을 좌시하지 않았습니다. 학교폭력에 희생당한 아이를 볼 때면 내 일처럼 마음이 아팠습니다. 수업이 뒷전이 되더라도 힘들어하는 학생을 보면 그냥 넘기지 못했습니다. 그렇게 고통받는 아이 한 명, 한 명을 구할 때마다 박성표 선생님은 마치 자신이 구원받은 것 같은 감동을 느낍니다.

교사의 정체성에서 행복을 찾다

———

나는 과연 어떤 사람일까요?

어떤 일을 할 때 그 자체로 기쁨과 희열을 느끼나요?

어떤 행동을 할 때 '이게 진정한 나야.'라는 느낌을 받나요?

이혜선, 박성표 선생님 모두 위의 질문에 명확히 답할 수 있는 교사입니다. 그리고 이것이 제가 말하고자 했던 행복해지기 위한 노력, 즉 '나를 찾는 노력'입니다. 나를 찾는 노력은 자신의 온전성을 회복하려는 시도입니다. 온전한 나를 드러내는 행동은 그 자체로 '재밌다, 행복하다, 즐겁다.'라는 감정을 불러일으킵니다. 온전한 내가 발휘될 때는 나도 모르던 내 안의 에너지가 분출됩니다. 아무리 힘든 상황이라도 오히려 기운이 솟습니다.

또한 이혜선, 박성표 선생님은 자신의 정체성을 교직에 촘촘히 엮어 넣는 데 성공한 교사입니다. 두 선생님은 주 5일, 하루 8~10시간을 보내야 하는 학교에서 진정한 자신이 드러나는 일을 실천하고 있습니다. 설혹 로또 당첨 같은 자극적인 쾌락은 아닐지라도 두 분은 학교 안에서 견실한 행복을 느낍니다. 그리고 이 행복은 쾌락과는 달리 시간이 지나도 줄어들지 않습니다. 줄어들기는커녕 반복하면 반복할수록 충실감을 더 커집니다.

교사가 행복해지는 방법

이것이 제가 생각하는 교사의 행복입니다. 술, 담배, 복권 같은 순간적인 쾌락은 진정한 행복이 될 수 없습니다. 또한 자기계발서에서 흔히 말하는 돈, 출세를 위한 목표를 정하고 목표달성을 위해 무작정 현실을 희생하고, 고통을 인내하는 일도 결코 행복의 길이 될 수는 없습니다. 진정한 행복이란 온전한 자신의 정체성을 실현시키는 행동에서 비롯됩니다. 그리고 그 정체성을 학교라는 공간에서 발휘해야 합니다. 앞서 말한 긍정심리학이 말하는 5가지 행복의 요소들(긍정 정서, 몰입, 의미, 인간관계, 성취)은 억지로 구하는 것이 아니라 자아를 꽃피우는 활동 속에서 자연스레 따라오는 부산물인 것입니다.

이혜선 선생님에게는 주변을 웃게 만드는 일이 자신의 정체성을 드러내는 일입니다. 당연히 그 활동에 몰입하게 되고 주변과 함께 웃을 때면 성취감과 쾌감이 동반됩니다. 박성표 선생님도 마찬가지입니다. 약자를 도와줄 때, 고통에서 꺼내줄 때 박선생님은 자신이 살

아 있음을 느낍니다. 약자를 돕는 일에 자기 삶의 가치와 의미를 부여합니다. 무엇보다 박선생님은 자신이 자랑스럽다고 생각합니다.

내 앞에는 어떤 행복의 길이 놓여 있을까?

———

이 대학, 이 학과에 진학하면 행복하겠지?

여기 취직하면 행복할까?

이 남자, 여자랑 결혼하면 행복하게 살 수 있을까?

인생의 고비마다 가족, 친구, 친지들에게 던지는 질문입니다. 하지만 이것은 누구도 정답을 낼 수 없는 질문입니다. 마치 "지금 내가 아픈데 어디가 아픈지 알겠니?"라고 묻는 것과 다름없습니다. 남에게서는 결코 답을 낼 수 없습니다. 내 몸의 어느 부위가 아픈지는 나만이 설명할 수 있기 때문입니다. 이 대학이, 전공이, 직장이 적성에 맞을지도 내 안에서 답을 찾아야 합니다. '능력은 있는데 나이가 많은데, 착하긴 한데 외모가 별로인데 이 사람이랑 결혼하면 행복할까?' 같은 물음도 부모, 친구가 충고는 할 수 있을지언정 정답을 줄수는 없습니다. 그들은 그들의 기준으로 답하기 때문입니다. 나의 성향이 배우자의 능력을 중시하는지, 외모를 따지는지, 성격이 중요한지는 오직 내 자아만이 대답을 줄 수 있습니다.

어떻게 해야 행복하게 살 수 있을까?

———

'어떻게 해야 행복하게 살 수 있을까?' 이 장의 주제인 이 질문도 마찬가지입니다. 오직 나만이 답을 구할 수 있습니다. 누구나 궁금해하지만 그 답을 이혜선, 박성표 선생님처럼 자신 있게 답할 수 있는 사람은 많지 않습니다. 진정한 나, 자아정체성을 찾는 건 어려운 일입니다. 동서고금의 수많은 선각자, 철학자, 심리학자들이 진정한 자신을 발견하는 것이 참 행복의 길이라고 설파해왔고 이를 달성하기 위한 다양한 방법들을 제시했습니다*. 저는 그중 긍정심리학의 방법을 소개하려 합니다. 긍정심리학을 선택한 이유는 전통적인 방법**과는 달리 손쉽게 접근할 수 있을 뿐더러 그 과정이 추상적이지 않고 명료하기 때문입니다. 또한 수많은 실험연구에서 그 효과성이 입증된 방법이기도 합니다.

———

*자아실현은 예부터 이상적 인간상으로 여겨왔으며 고대 영지주의, 힌두의 요기, 불교의 자기성찰, 소크라테스의 자기반성, 정신분석의 무의식의 의식화(프로이트), 분석심리학의 개성화(칼 융), 인간주의심리학의 자기실현(칼 로저스), 게슈탈트 상담심리학의 알아차림, 통합(프릿 펄스) 등, 긴 시간 동안 자아실현에 이르는 다양한 방법들이 제시되어 왔습니다.
**스승의 사사, 철학적 사색, 명상, 수행, 육체적인 고행, 이론의 습득 및 실천, 전문가와의 상담 등 자아를 찾는 전통적인 방법은 오랜 시간과 각고의 노력이 필요합니다.

내 성격 강점을 찾아보자

긍정심리학에서는 5가지 행복(긍정 정서, 몰입, 의미, 인간관계, 성취)을 느끼기 위한 가장 효과적인 방법으로 자신의 강점(Strength)을 찾으라고 요구합니다. 긍정심리학의 강점이란 셀리그만과 그의 동료들이 찾은 모든 문화권에서 보편적으로 통용되는 인간이 가진 성격강점 24가지를 말합니다. *

성격 강점

지성 관련 강점들	용기 관련 강점들	인간애 관련 강점들	절제 관련 강점들	정의 관련 강점들	초월 관련 강점들
창의성	용감함	사랑	용서	공정성	심미안
호기심	끈기	친절성	겸손	리더십	감사
개방성	진실성	사회지능	신중성	시민의식	낙관성
학구열	활력		자기조절		유머
지혜					영성

---

*Park, N., Peterson, C., Seligman, M. E. P. (2004) Strengths of Character and Well-Being, Journal of social and clinical psychology, Vol.23 No.5, 603-619.

셀리그만은 자신의 강점을 찾고 발휘하는 과정을 통해 다음과 같이 느낄 수 있다고 이야기합니다.

'이게 진짜 나야.'라는 자신감이 생긴다.
피곤하기는커녕 오히려 기운이 난다.
기쁨, 열정, 열광, 짜릿함을 느낄 수 있다.
누가 시키지 않아도 강점을 활용할 새로운 방법을
스스로 궁리한다.
처음 습득한 이후부터 급속하게 발전한다.

이러한 기분을 느끼기 위한 첫걸음은 자신의 강점을 찾는 것입니다. 다음의 간이 강점 설문을 작성한 후에 순위를 매겨보세요. 그리고 자신의 상위 강점 3가지를 뽑아보세요.

성격 강점 간이 검사*

덕목	성격 강점	총점	문항 내용	전혀 그렇지 않다	조금 그렇지 않다	보통 이다	조금 그렇다	매우 그렇다
지 성	창의성		나는 새로운 것, 색다른 것을 만들어내기 좋아한다.	1	2	3	4	5
			나는 남들과 다른 기발한 생각을 많이 한다.	1	2	3	4	5
	호기심		나는 내 주위에 있는 것에 호기심이 많다.	1	2	3	4	5
			나는 새로운 사람, 장소, 내가 모르는 것들에 대해 늘 궁금 하다.	1	2	3	4	5
	개방성		나와 생각이 다른 사람의 의견을 이해하려고 노력한다.	1	2	3	4	5
			나는 항상 열린 마음을 가지고 있다.	1	2	3	4	5
	학구열		나는 새로운 것을 더 배우려고 노력한다.	1	2	3	4	5
			나는 다른 사람이 시키지 않아도 열심히 배우려고 한다.	1	2	3	4	5
	지혜		나는 어려운 상황에 잘 대처한다.	1	2	3	4	5
			나는 일의 순서를 스스로 잘 파악한다.	1	2	3	4	5
지성 합계								
인 간 애	사랑		나는 가족이나 친구들과 서로를 자주 챙긴다.	1	2	3	4	5
			나는 모든 사람들이 행복하기 바란다.	1	2	3	4	5
	친절성		나는 사람들을 잘 도와준다.	1	2	3	4	5
			나는 다른 사람의 이야기를 잘 들어준다.	1	2	3	4	5
	사회 지능		나는 다른 사람의 기분을 잘 알아차린다.	1	2	3	4	5
			나는 내 기분을 상황에 맞게 말이나 행동 또는 표정으로 표현한다.	1	2	3	4	5
인간애 합계								

*본 검사는 KICS, 아동성격강점검사(김광수, 김경집, 김은향, 양곤성, 하요상, 한선녀, 2015,
학지사)를 성인에게 맞도록 재편집한 축약형 간이검사입니다.

용기	용감성	꼭 필요한 말이라면, 대부분이 말하기를 꺼릴 때 내가 대표로 말할 수 있다.	1	2	3	4	5
		나보다 강한 사람이라 해도 다른 사람을 괴롭히는 행동을 하면 그러지 말라 말할 수 있다.	1	2	3	4	5
	끈기	나는 한 번 목표를 세우면 다른 일에 한눈팔지 않고 열심히 한다.	1	2	3	4	5
		나는 한 번 시작한 일은 끝까지 해낸다.	1	2	3	4	5
	진실성	나는 사람들로부터 솔직하다는 말을 많이 듣는다.	1	2	3	4	5
		나는 대부분 매우 솔직하게 행동한다.	1	2	3	4	5
	활력	나는 다른 사람들로부터 활발하다는 말을 자주 듣는다.	1	2	3	4	5
		나는 자주 기분이 좋다.	1	2	3	4	5
용기 합계							
절제	용서	다른 사람이 내게 잘못했더라도 나는 그의 입장을 이해하려고 노력하는 편이다.	1	2	3	4	5
		나는 다른 사람을 잘 용서하는 편이다.	1	2	3	4	5
	겸손	나는 무엇을 정말 잘할 때도 그것에 대해 자랑하지 않는 편이다.	1	2	3	4	5
		나는 다른 사람보다 더 잘난 듯이 행동하지 않는다.	1	2	3	4	5
	신중성	나는 모든 것을 꼼꼼하게 생각한 뒤에야 결심을 한다.	1	2	3	4	5
		나는 어떤 일을 시작하기 전 항상 결과에 대해 먼저 생각한다.	1	2	3	4	5
	자기 조절	화가 많이 났을 때라도 나는 참을 수 있다.	1	2	3	4	5
		나는 불안해져도 마음을 쉽게 진정시킬 수 있다.	1	2	3	4	5
절제 합계							
정의	시민 의식	나는 내가 좀 불편하더라도 규칙을 적극적으로 지킨다.	1	2	3	4	5
		나는 집단에서 내 의견만 고집하지 않고 동료들의 의견을 존중한다.	1	2	3	4	5
	공정성	나는 불공평한 대접을 받는 사람을 도와준다.	1	2	3	4	5
		비록 내가 좋아하지 않는 사람이라도 나는 그를 공평하게 대한다.	1	2	3	4	5
	리더십	나는 다른 사람들과 함께하는 활동을 잘 조직하고 이끈다.	1	2	3	4	5
		친구들과 함께 놀 때 친구들은 주로 나의 결정을 따른다.	1	2	3	4	5
정의 합계							

초월	심미안		나는 아름다운 풍경을 보면 한동안 서서 감상한다.	1	2	3	4	5
			나는 전시회나 공연장에 가는 것을 좋아한다.	1	2	3	4	5
	감사		나는 감사할 일에 대하여 자주 생각한다.	1	2	3	4	5
			나는 좋은 일이 생기면 내게 도움을 준 사람들을 생각한다.	1	2	3	4	5
	낙관성		나에게 나쁜 일보다 좋은 일이 더 많이 일어나는 것 같다.	1	2	3	4	5
			내가 하는 일은 대부분 잘 되는 편이다.	1	2	3	4	5
	유머		나는 사람들에게 웃음을 주곤 한다.	1	2	3	4	5
			나는 웃기거나 재미있다는 말을 종종 듣는다.	1	2	3	4	5
	영성		나는 스님, 목사님, 신부님과 같은 성직자를 존경한다.	1	2	3	4	5
			나는 생활하면서 자주 기도를 한다.	1	2	3	4	5
초월 합계								

자신의 강점을 찾으셨나요? 만약 동점인 강점이 있다면 척도 위 다섯 가지 조건에 더 부합하는 강점을 찾으세요. 그것이 바로 선생님의 대표강점입니다. 셀리그만은 대표강점을 다양한 분야에 활용할 것을 권합니다. 선생님께서는 뽑힌 강점을 학교에서 어떻게 활용할 것인지 계획을 세워보세요. 어렵다면 꼭 학교가 아니어도 괜찮습니다. 일, 사랑, 취미, 인간관계, 양육 등 다른 여러 분야에 강점을 활용할 방법을 적으셔도 좋습니다.

건강한 자아를 가진 사람들은 자기의 본성을 있는 그대로 받아들이고 그것을 실현합니다. 선생님들이 대표강점을 활용해 학교라는 공간에서 진짜 자기를 마음껏 펼치길 기원합니다. 그리고 그 과정 속에서 충만함과 참된 행복을 느끼기를 기도하겠습니다.

나의 강점 3개를 뽑아보세요.

예) 나의 강점은 개방성입니다.

나는 이 강점을 <u>학교</u>에서 이렇게 사용할 것입니다.

<u>학교에서 학생들이 하는 말이나 요구를 할 때, 학생의 입장에 서서 생</u>
<u>각하고 받아들이려 노력할 것이다. 학생의 말속에 숨은 장점을 찾아 칭찬</u>
<u>해줄 것이다.</u>

1. _____

나는 이 강점을 _____ 에서 이렇게 사용할 것이다.

2. _____

나는 이 강점을 _____ 에서 이렇게 사용할 것이다.

3. _____

나는 이 강점을 _____에서 이렇게 사용할 것이다.

수업 마무리

"이 세상에 행복해 보이는 사람이 많은 것은
그들이 다 지나가는 사람이기 때문이다."

—프랑스의 작가 기욤 뮈소(Guillaume Musso)

살아가는 동안 관계에서 소외감에 아파하고 더러는 죽을 것 같은
괴로움을 겪어본 적이 없는 사람이 얼마나 될까요? 단언컨대 한 사
람도 없을 것입니다. 선생님의 아픔은 선생님만의 것이 아닙니다.
저도, 선생님 주변 동료들도, 친구, 가족들도 겉으로는 강한 척해도
모두 각자의 약점을 안고 살아갑니다. '나만 왜 이럴까?'란 걱정은 접
어둬도 괜찮습니다. 우리 모두는 불완전하기 때문입니다. 안심하세
요, 사람은 불완전한 것이 정상입니다.

하지만 상처가 너무 아플 때, 견디기 힘들 때, 참고 있지만 마세
요. 내 상처를 남들과 나누고, 내 상처를 통해 나의 내면을 돌아보시

기를 바랍니다. 그렇게 한다면 선생님의 약점을 더 이상 약점이 아닌 그 또한 사랑스런 내 일부분으로 받아들일 수 있을 것입니다.

마지막 정리 및 마무리 활동으로 모든 수업을 갈무리하려 합니다.

정리 이 책을 통해 제가 선생님께 드리고 싶은 말은 다음과 같이 요약할 수 있습니다.

1) 아플 때는 참지 마세요. 내가 상처받았다는 사실을 주변에 알리고 위로받아도 괜찮습니다.
2) 완벽하지 않아도 됩니다. 세상의 기준에 부합하려 항상 최선을 다할 필요는 없습니다.
3) 선생님은 선생님의 행동이 아닙니다. 선생님은 선생님 자체로 가치 있습니다. 자신을 사랑해주세요.

마무리 활동 마지막으로 이 책을 마친 후 선생님께서 바로 실천할 행동 2가지를 적어주세요. 구체적일수록 좋습니다.

이제 남은 것은 선생님의 노력과 실천입니다. 미국의 성형외과 의사 맥스웰 몰츠(Maxwell Maltz)는 손이나 발이 절단된 환자가 신체 부위를 잃고 익숙해지는 데 약 21일이 걸렸다는 관찰을 근거로 인간이 변화에 적응하는 데 21일이 걸린다고 주장했습니다. 하지만 적응의 종류나 내면의 저항에 따라 습관이 형성되기까지는 21일이 걸릴 수도, 1년이 걸릴 수도 있을 것입니다. 다만 확실한 건 나를 괴롭히던 감정들이 순식간에 흔적 없이 사라질 수는 없다는 사실입니다. 상처를 치유하기 위해서는, 그리고 행복해지기 위해서는 긴 시간 동안 부단한 노력과 실천이 필요합니다. 앞에 적으신 활동을 꾸준히 실천해주시기 바랍니다.

이 수업에는 다양한 감정에 관한 다양한 이야기들이 있습니다. 이 중에는 선생님들이 고개를 끄떡일 이야기도, 고개를 갸우뚱할 이야기도 있을 것입니다. 선생님이 느끼는 감정들에는 선생님들 각자의 사연이 녹아 있기 때문입니다. 같은 열등감을 느꼈더라도 그 이유는 천차만별일 수 있습니다. 마찬가지로 상처를 치유하고, 행복을 느끼는 데 유일한 정답은 없습니다. 지구상에 존재하는 사람의 수만큼 다양한 답이 존재할 것입니다. 여기 소개된 방법도 수십억 개의 대안 중 한 가지일 뿐입니다. 제가 제시한 방법을 뛰어넘어 선생님만의 답을 찾아보세요. 선생님을 위한, 선생님에 의한, 선생님만의 특별한 행복의 길이 선생님 속에 숨겨져 있습니다. 나를 가장 잘 이해하고, 나를 구원해줄 존재는 저도, 가족도, 친구도 아닌 결국 나 자신이기 때문입니다. 다만 이 이야기들 중 하나라도 선생님의 행복을 찾는 데 실마리가 되었다면 저는 무척 기쁠 것 같습니다.

마지막으로 1989년 영화 〈죽은 시인의 사회(Dead Poets Society)〉에서 나온 시를 소개하며 모든 수업을 마치겠습니다.

그 누구도 아닌 자기 걸음을 걸어라.
나는 독특하다는 것을 믿어라.
누구나 몰려가는 줄에 설 필요는 없다.
자신만의 걸음으로 자기 길을 가라.
바보 같은 사람들이 무어라 비웃든 간에.

선생님들 모두의 삶이 행복으로 충만하길 바랍니다.^^

이 책에 쓰인 참고문헌과 자료

1부

- Grove, S. J., & Fisk, R. P. (1989). 《Impression management in services marketing: A dramaturgical perspective.》 In R. A. Giacalone & P. Rosenfeld (Eds.), Impression management in the organization (pp. 427–438). Hillsdale, NJ: Erlbaum.
- 《사람을 움직이는 100가지 심리법칙》 정성훈, 케이앤제이, 2011.
- Scherer K. R., Wallbott H. G., Evidence for universality and cultural variation of differential emotion response patterning, Journal of Personality and Social Psychology 1994.
- Julie Fitness, Anger in the workplace: an emotion script approach to anger episodes between workers and their superiors, co-workers and subordinates., Journal of Organizational Behavior, 2000.
- 《화》 틱낫한, 명진출판, 2002.
- 《마음담금질》 박재항, 보민출판사, 2012.
- 《Reason and Emotion in psychotherapy》 Ellis, Albert, Secaucus: The Citadel Press, 1962.

2부

- 《우울증의 인지치료》 Aaron T. Beck, 원호택 외 번역, 학지사, 2011.
- 《현대심리치료와 상담이론》 권석만, 학지사, 2012.
- 《열등감 어떻게 할 것인가》 Alfred Adler, 신진철 편역, 소울메이트, 2015.
- PARK Y. O. ; Enright R. D(1997) The development of forgiveness in the context of adolescent friendship conflict in Korea, Journal of adolescence, vol. 20, No. 4, pages 393–402.
- 《Forgiving and Reconciling: Bridges to Wholeness and Hope》 Everett Worthington, Intervarsity Press, 2004.

3부

- Curry, N. E., & Johnson, C.N. . 《Beyond self-esteem: Developing a genuine sense of human value. In Research Monograph of the National Association for the Education of Young Children (Vol. 4)》. Washington DC: NAEYC. 1990.
- 《긍정심리학, Positive Psychology》 Martin E. Seligman, 물푸레, 2009.
- 《플로리시, Flourish》 Martin E. Seligman, 물푸레, 2011.
- Park, N., Peterson, C., Seligman, M. E. P.   Strengths of Character and Well-Being, Journal of social and clinical psychology, Vol.23 No.5, 603–619. 2004.
- 〈아동성격강점검사(KICS)〉, 〈KICS 전문가 지침서〉 김광수, 김경집, 김은향, 양곤성, 하요상, 한선녀 ,학지사, 2015.